나는 인권을 지키며 행동하는

디지털 시민 _____ 입니다

피노키오에게도 미디어 리터러시가 필요해

일러두기

이 책에서 다룬 어린이 인권은 유엔 아동 권리 위원회의 아동 권리 협약(1989년)에 추가된 '디지털 환경 속 아동 권리' 일반 논평(2021년), 해당 논평 작성을 위한 자문 내용이 담긴 '아동 워크숍 보고서'(6개 대륙 27개국 청소년 및 전문가 참여)를 바탕으로 쓰였습니다.

피노키오에게도 미디어 리터러시가 필요해

하리라 글 | 홍기한 그림

디지털 시민, 어린이 인권을 지켜 줘

작가의 말

나와 다른 사람의 인권을 지키려면
디지털 세상에서 어떻게 해야 할까요?

　오늘날 전 세계 인구 중에서는 절반 이상이, 우리나라 초등학생 중에서는 3분의 2 이상이 각자 똑같이 가진 것은 무엇일까요? 정답은 바로 '스마트폰'이에요. 그만큼 요즘에는 많은 사람들이 언제 어디서든 인터넷으로 쉽게 정보를 나누고 연결될 수 있어요. 하지만 좋은 점만 있는 건 아니에요. 디지털 기술이 발달할수록 어린이들이 인권을 침해받는 일도 늘어났거든요.

　인권은 사람이 기본적으로 가져야 할 권리를 말해요. 유엔에서는 아동 권리 협약으로 어린이 인권을 '누구나 안전하게, 보호받으며, 다른 사람과 똑같이 존중받고, 자신의 생각을 말할 자유가 있다'고 밝혔어요. 그런데 개인 정보를 빼돌리거나 협박하는 등 사이버 범죄가 늘어나면서 많은 어린이들이 인권을 침해받고 있어요. 어린이들이 스스로 다른 사람의 인권을 해치는 일도 있지요. 다른 사람 사진을 허락 없이 찍어 인터넷에 올리거나, 장난으로 악성 댓글을 쓰는 행동이 그 예랍니다.

어린이들이 인권을 침해받는 일은 전 세계에서 일어나요. 그래서 유엔에서는 어린이를 보호하려고 '디지털 아동 권리 협약'을 새로 만들었어요. 아이들을 지키기 위해 만든 '아동 권리 협약'을 디지털 시대에 맞게 바꾸어 여러 나라가 약속한 거예요.

우리 스스로 나 자신과 다른 사람의 인권을 지키려면 어떻게 해야 할까요? 디지털 시민의 역량은 이런 고민을 하면서 기를 수 있어요. 인권을 지키기 위해 디지털 세상을 어떻게 바꿔야 할지 고민하며 행동하는 사람이 '디지털 시민'이지요. 디지털 시민이 되려면 우선 정보가 믿을 만한지 판단하며, 필요한 정보를 바르게 활용하는 '미디어 리터러시' 역량을 갖춰야 해요.

이제 여러분이 디지털 시민이 되어 어린이 인권을 지켜 주세요. 옛날옛적 나라의 주인공들이 어떻게 어린이 인권을 지켜 나가는지 살펴보고 나 자신과 친구, 더 나아가 전 세계 어린이들의 인권으로 관심을 넓혀 보세요. 그만큼 세상은 여러분이 살기 좋은 곳으로 변할 테니까요.

어린이가 행복한 세상을 꿈꾸며
하리라

작가의 말 4

차례

1
백설 공주 사진의 진실을 밝혀라! 9

막내 아기 돼지가 알려 주는 어린이 인권 24
어린이는 디지털 환경에서 안전하게 활동할 권리가 있어요.

인권을 지키는 디지털 시민의 약속 27

2
심청이가 소원을 이루는 방법 31

거북이가 알려 주는 어린이 인권 44
어린이는 온라인에서 다양하고 믿을 수 있는 정보를 안전하고 쉽게 찾을 수 있어야 해요.

인권을 지키는 디지털 시민의 약속 47

3
엄지 공주가 아니라 엄지예요! 49

빨간 모자가 알려 주는 어린이 인권 65
어린이는 디지털 세상에서 사생활을 보호받아야 할 권리가 있어요.

인권을 지키는 디지털 시민의 약속 68

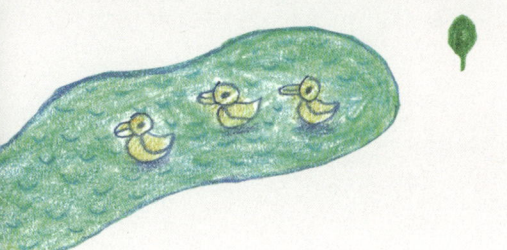

4 고양이 탐정! 실종 사건을 해결해 줘! 73

장화 신은 고양이가 알려 주는 어린이 인권 89
어린이는 디지털 환경에서 발생하는
모든 폭력에서 보호받아야 해요.

인권을 지키는 디지털 시민의 약속 92

5 행복한 왕자의 마지막 부탁 95

행복한 왕자가 알려 주는 어린이 인권 112
어린이는 디지털 환경에서
차별받지 않을 권리가 있어요.

인권을 지키는 디지털 시민의 약속 116

6 오늘의 초대 손님, 피터 팬 119

피터 팬이 알려 주는 어린이 인권 138
어린이는 자기 생각을 표현하고
주장할 권리가 있어요.

인권을 지키는 디지털 시민의 약속 142

1장

백설 공주 사진의 진실을 밝혀라!

오랜만에 아기 돼지 삼 형제가 막내 돼지 집에서 모였어요. 벽돌로 지어 튼튼하고 아늑한 집이었지요. 다 같이 도토리 수프로 저녁 식사를 하며 텔레비전을 켜는데 뉴스가 떴어요. 머리가 하얗게 센 할머니 아나운서의 목소리가 또렷이 흘러나왔어요.

"뉴스 속보입니다. 백설 공주의 사진을 합성해 온라인에 퍼뜨린 혐의로 마녀가 범인으로 지목되었고, 그 진실을 가리는 긴급 재판이 내일 열립니다. 평화로운 '옛날옛적' 나라에 물의를 일으킨 마녀가 과연 어떤 판결을 받을지 관심이 쏠리고 있습니다."

첫째 돼지가 말했어요.

"마녀가 왜 백설 공주 사진을 마음대로 올린 걸까?"

"마녀는 전부터 백설 공주 미모를 질투했잖아. 분명히 백설 공주를 괴롭히고 싶어서 그랬을 거야."

뉴스가 계속 이어졌어요.

"지난밤, 온라인에 백설 공주의 합성 사진들이 올라왔습니다. 컴퓨터로 조작한 사진들로 밝혀졌지만 이 게시물은 순식간에 조회 수 10만을 기록하였고 이에 백설 공주는 충격을 받아 쓰러져 깨어나지 못하고 있습니다. 시민들은 평소 백설 공주의 미모를 질투한 마녀가 범인이라고 입을 모아 말합니다."

둘째 돼지가 헉 소리를 내며 얼른 주머니에 있던 스마트폰을 꺼냈어요.

"아까 우리 반 단체 대화방에 백설 공주 사진이 올라왔다더니. 그건가?"

첫째 돼지도 호기심에 둘째 돼지의 스마트폰을 옆에서 지켜보았지요.

"뭔데, 뭔데?"

그러자 형들을 지켜보던 막내 돼지가 말했어요.

"둘째 형. 저런 사진을 대화방에서 돌려본 사람도 책임이 있는 거 알지?"

"아. 아니. 내가 뭘 했다고 그래. 그냥 확인하려던 것뿐인데."

"같이 보는 것도 문제가 될 수 있어. 올린 친구한테 얼른 삭제하라고 해. 형도 그 사진 삭제하고. 그 사진 때문에 백

설 공주가 의식을 잃었다잖아."

첫째 돼지와 둘째 돼지는 막내 돼지의 말에 고개를 끄덕였어요. 누군가 내 가짜 사진을 돌려 본다면 정말 기분이 나쁠 거예요. 백설 공주가 마음이 얼마나 아플지 먼저 생각하지 못한 게 미안했어요.

그 사이 뉴스 화면은 경찰서에서 나오는 마녀의 얼굴로 옮겨 갔어요. 마녀는 억울해하며 말했어요.

"저는 범인이 아닙니다. 저는 백설 공주 사진을 온라인에 퍼트리지 않았어요. 다들 제가 백설 공주의 미모를 질투한다고 생각하는데 이는 사실이 아닙니다. 이 또한 누군가가 지어낸 소문이에요. 저는 진짜 범인이 아니에요!"

마녀의 인터뷰가 끝나자 할머니 아나운서가 말했어요.

"마녀는 여전히 자신이 한 일이 아니라고 부인하고 있습니다. 수사 기관에서는 시민들의 증언을 토대로 마녀가 정말 범인인지 내일 재판을 통해 가린다고 합니다."

아기 돼지 삼 형제는 진짜 범인이 누구인지 너무나 궁금한 나머지 내일 법정에 직접 가 보기로 했어요.

법정에 일찍 도착한 아기 돼지 삼 형제는 맨 앞자리에 앉았어요. 사건이 사건인 만큼 옛날옛적 나라 친구들이 많이 모였어요. 엄지, 빨간 모자, 장화 신은 고양이 탐정, 심청이, 장화와 홍련까지 거의 모두가 왔어요.

마침내 재판이 시작되었어요. 이윽고 범죄를 수사하는 검사가 나와 마녀를 심문했어요.

"마녀, 당신은 정말 범인이 아닙니까?"

"네. 저는 백설 공주를 아끼고 사랑해 왔습니다. 누군가 저를 모함하는 거예요."

"하지만 합성 사진에 쓰인 원본 사진이 당신의 컴퓨터에서 발견되었어요. 이래도 발뺌할 겁니까?"

"네? 그, 그럴 리가 없어요. 저는 정말 백설 공주 사진을 인터넷에 올린 적이 없다고요!"

"계속해서 발뺌하니 증인을 불러야겠군요. 재판장님. 마녀의 집에서 일했던 피노키오를 증인으로 요청합니다!"

그러자 법정 앞문이 열리며 피노키오가 들어왔어요. 무척 몸을 덜덜 떨면서요.

검사가 말했어요.

"피노키오, 진실만을 말할 것을 맹세합니까?"

"예……."

이를 지켜보던 첫째 돼지가 둘째 돼지에게 속삭였어요.

"피노키오는 안 그래도 진실만을 말하잖아. 거짓말을 하면 코가 길어지는걸."

막내 돼지가 속삭이는 형들에게 눈치를 주었어요.

"쉿. 피노키오가 대답하잖아."

검사가 피노키오에게 질문했어요.

"피노키오, 평소 당신은 마녀의 사과 농장에서 무슨 일을 합니까?"

"저는…… 사과 농장에 들어오는 주문을 확인하고 사과를 포장해 택배로 부치는 일을 해요."

"그렇다면 마녀가 쓰는 컴퓨터도 자주 쓰겠군요?"

"예, 맞아요……."

"당신은 분명히 마녀의 컴퓨터로 일을 하는 과정에서 백설 공주 사진을 봤다고 했지요?"

"보, 보긴 봤어요."

"그 사진이 최근 온라인에 유포된 백설 공주 합성 사진과 같은 것입니까?"

갑자기 피노키오가 우물쭈물 대답을 망설이며 안절부절못했어요. 그러자 뭔가 이상하다고 느낀 검사가 다시 다그쳤어요.

"합성된 백설 공주 사진을 그 컴퓨터에서 보았습니까? 얼른 대답하세요!"

"네, 그게……."

그러자 갑자기 피노키오의 코가 쑥 길어졌어요. 한꺼번에 너무 길어진 나머지 검사의 옆구리를 푹 찔렀지요.

아기 돼지 삼 형제는 너무 놀라서 입이 떡 벌어졌어요. 놀란 건 법정에 있던 친구들 모두 마찬가지였어요. 법정이 순식간에 시끄러워졌지요.

"피노키오가 범인인가 봐!"

검사는 침착하게 다시 피노키오에게 물었어요.

"피노키오, 당신이 범인입니까?"

모두가 수군대는 가운데 피노키오가 떨리는 목소리로 말했어요.

"아니에요. 저는 범인이……. 그런데 저 때문에 생긴 일 같기도 하고."

피노키오는 횡설수설하면서 얼굴을 감쌌어요. 무척 혼란스러워 보였지요.

피노키오 말에 법정은 더욱 소란스러워졌어요. 재판장은 내일 다시 재판을 열겠다며 재판을 서둘러 마무리했지요.

"난 처음부터 마녀가 범인이 아닐 줄 알았다니까! 내가 뭐랬어?"

"어라? 처음엔 마녀가 범인이랬잖아?"

친구들은 시끄럽게 떠들며 법정을 빠져나갔어요. 막내 돼지는 그럴 줄 알았다는 듯 고개를 끄덕였지요. 편견과 소문에 휩쓸려 마녀를 욕하지 않은 건 잘한 일이었어요. 하지만 피노키오가 마지막에 한 말이 마음에 쓰였어요.

한동안 여러 뉴스와 신문에서 백설 공주 가짜 사진 사건을 앞다투어 보도했어요.

'피노키오는 범인인가, 아닌가?'

'백설 공주 사진을 유포한 진짜 배후는?'

'피노키오 외에 진짜 범인은 따로 있다?'

수사 결과는 오늘 밤 뉴스를 통해 알려진다고 했어요. 아기 돼지 삼 형제는 저녁을 먹고 텔레비전 앞에 앉아 뉴스를 봤어요. 할머니 아나운서가 또랑또랑한 목소리로 보도했지요.

"그동안 옛날옛적 나라를 떠들썩하게 한 백설 공주 가짜 사진 사건의 진실이 드디어 밝혀졌습니다. 법정에서 증인이었던 피노키오의 진술이 거짓임이 밝혀지면서 검사와 경찰은 피노키오를 상대로 심층 수사를 했고, 그 수사 결과를 오늘 발표했습니다."

곧이어 경찰의 발표 내용이 이어졌어요.

"백설 공주의 팬이었던 피노키오가 백설 공주 팬 대화방에서 자신처럼 백설 공주를 좋아하는 범인을 알게 되었습니다. 그는 피노키오에게 백설 공주의 사진을 보내 달라고 했고 피노키오는 아무런 의심 없이 백설 공주의 사진을 보내 주었습니다. 이후 범인은 백설 공주의 합성 사진을 피노키오에게 전하면서 원본 사진을 보내 준 피노키오도 공범이라며 협박했다는 사실이 밝혀졌습니다."

경찰서에서 수사받는 피노키오와 옆에서 눈물을 글썽이는 제페토 할아버지가 카메라에 잡혔어요.

첫째 돼지와 둘째 돼지가 안타까워하며 말했어요.

"남의 사진을 허락 없이 전하면 안 되지."

"온라인에서 만나는 사람을 쉽게 믿어선 안 되는데."

할머니 아나운서가 뉴스 보도를 이어갔어요.

"옛날옛적 나라에서는 이 사건이 어린이들의 안전을 위협하고 사회 신뢰를 해치는 아주 중대한 범죄라고 보고, 당장 범인을 잡기 위해 수배령을 내렸습니다. 목격한 시민들은 바로 경찰로 제보해 주세요."

아기 돼지 삼 형제는 뉴스에서 내보낸 범인의 사진을 보고 깜짝 놀랐어요. 그건 바로 얼마 전 아기 돼지 삼 형제 집에 와서 설문 조사를 한다며 개인 정보를 캐묻던 늑대였기 때문이에요. 그때 막내 돼지에게 혼쭐만 난 채 도망갔던 늑대는 아직도 정신을 차리지 못했나 봐요.

막내 아기 돼지가 알려 주는 어린이 인권

어린이는 디지털 환경에서 안전하게 활동할 권리가 있어요. 누구도 어린이를 이용해 이득을 얻거나 해를 끼쳐서는 안 돼요.

누군가 내 사진을 보고 있어!

나도 모르게 내 사진이 인터넷에 떠돌아다니면 어떨까? 그걸 다른 사람들이 돌려보고, 내 얼굴이 어떻다고 평가하거나 내 신체 일부를 확대해서 이용한다면? 요즘에는 디지털 기술이 발달해서, 다른 사람 사진을 합성해 퍼뜨리는 일이 많아.

하지만 본인이 동의하지 않은 영상이나 사진을 온라인에 올리거나 메신저로 전하는 건 초상권 침해야. 그리고 상대방에게 성적 수치심을 주는 영상이나 사진을 올리는 건 **디지털 성범죄**에 해당해. 다른 사람에게 실제 보여 주지 않았더라도 보여 준다고 협박하는 것도 마찬가지야.

다른 사람을 찍은 사진이나 영상을 맘대로 올리는 건 불법이야!

피노키오처럼 허락 없이 다른 사람의 사진을 빼돌리는 것은 인권을 침해하는 일이야. 그게 설사 평범한 사진이라고 해도 문제가 돼. 디지털 환경에서는 온라인에 내가 올린 글이나 사진이 순식간에 퍼져 나갈 수 있거든. 다른 사람이 원래 목적과 다르게 악용할 수 있기 때문에 남의 얼굴이 나온 사진과 영상을 함부로 올려서는 안 돼. 친구와 함께 찍은 촬영물을 온라인에 올릴 때도 상대방의 허락을 받아야 해.

얼핏 사소하게 보이는 일이 인권을 침해할 수 있다는 걸 알아 두자. 불법 사진이나 영상을 대화방에서 같이 본 것만으로도 처벌받을 수 있어. 그러니 함부로 불법 파일을 열어 보거나 다른 사람에게 전달하지 않도록 주의해야 해.

아무나 믿어서는 안 돼!

온라인에서는 본모습을 숨길 수 있어. 이 점을 이용해 다른 사람인 척 사칭하거나 내가 믿고 말한 개인 정보를 빼돌리는 범죄도 많이 늘었어. 믿었던 온라인 친구가 나를 대상으로 벌이는 범죄도 많이 늘었지. 처음에는 게임이나 채팅 앱, 메신저로 말을 걸어 이야기를 들어 주다가, 마음을 열어 친구가 되면 돌변해 성적인 사진, 영상물을 요구하며 협박하는 거야. 이러한 범죄를 **온라인 그루밍 범죄**라고 해. 그루밍(grooming)은 영어로 '치장하다', '가꾸다'는 뜻이야. 강아지나 고양이 마음을 사려고 좋아하는 간식을 주고 쓰다듬어 주는 걸 보통 그루밍이라고 하는데, 이 말을 가져와서 온라인에서 상대 마음을 산 후 범죄를 저지르는 걸 온라인 그루밍이라고 하는 거야.

온라인 친구가 내 고민과 걱정을 들어 주고, 힘들 때 위로하면서 선물까지 보내 주면 정말 좋은 친구처럼 보여. 하지만 친구라고 믿고 털어놓았던 내 주소, 내 이름, 내가 다니는 학교 같은 개인 정보와 비밀들은 한순간에 협박거리가 될 수 있어. 온라인에서 만난 사람을 함부로 믿지 말아야 해.

인권을 지키는 디지털 시민의 약속

◆ **온라인에 사진이나 영상을 올리기 전에 다음 질문들을 확인해 봐.**

☑ 함께 찍힌 사람의 허락은 받았어?

☑ 다른 사람이 찍은 사진을 마음대로 올리는 건 아니니?

☑ 링크나 정보의 출처가 확실해?

☑ 사실이 확인되지 않은 자극적인 정보, 남에게 피해를 줄 수 있는 해로운 정보는 아니니?

☑ 친한 사이라고 해서 신체 사진을 보내도 될까? 손이나 어깨도 마찬가지야.

☑ 유명한 사람이라고 해서 믿어도 될까?

◆ 메신저나 온라인에서 성적인 영상을 봤을 때

☑ 메신저에서는 대화를 중단하고 신고하자.
불법 영상을 다운받거나 다른 곳에 올리지 않도록 주의해야 해.

◆ 만약 온라인 친구가 조금이라도 이상한 점을 보인다면?

☑ 수상한 점이 있다면 캡처를 해 두고 차단하거나 신고하자.

☑ 신체 사진을 요구한다면 절대 주지 말고 차단하자.

☑ 따로 만나자고 한다면, 실제로 어떤 사람인지 알 수 없으니 거절하자. 꼭 만나야 한다면 가족과 같은 어른을 동반해야 해. 또 사람이 많고 공개된 장소로 약속을 정하는 게 좋아.

☑ 만약 신체 사진을 주고받았거나 채팅 내용이 수상하다면 화면을 캡처하고, 꼭 주위 어른과 도움을 줄 수 있는 기관에 알려야 해. 112나 가까운 경찰서에 신고하자.

◆ 만약 디지털 성범죄 피해를 입었다면?

☑ 나 자신이든 아니든 피해를 입은 사람이 있다면 신고해야 해.

<디지털 성범죄 지원 관련 기관>
- 디지털성범죄피해자지원센터 02)735-8994
- 한국사이버성폭력대응센터 피해 상담 02)817-7959
- 한국성폭력상담소 02)338-5801
- 십대여성인권센터 카카오톡/라인 : 10upsns, teen-up
- 특정 지역 1366센터 상담 요청 시, '지역 번호'+1366

☑ 범죄자를 잡기 위해 증거를 모아 두자.

- 유포된 사이트의 링크를 모아 두자.
- 메신저나 사이트 등에 증거가 남아 있다면 캡처해 두고, 대화방을 나가지 않아야 해.

2장

심청이가 소원을 이루는 방법

한동안 옛날옛적 나라는 백설 공주 가짜 사진의 범인인 늑대를 잡느라 떠들썩했어요. 다행히 온라인 카페에서 할머니로 위장해 접근한 늑대를 똑똑한 빨간 모자가 눈치채고 신고하면서, 늑대가 잡혔지요. 옛날옛적 나라에서는 이 사건을 계기로 어린이를 보호하기 위해 범죄를 예방하는 교육에 힘썼어요. 그런데 어린이들은 이미 온라인 공간에서 시간을 많이 보냈어요. 그만큼 보이지 않게 여러 위험에 노출되었지요. 그건 먼 바닷가 마을에 사는 심청이도 마찬가지였어요.

심청이는 학교에서도 집에서도 늘 아빠 걱정뿐이었어요.

'아빠가 예전처럼 건강해졌으면 좋겠어. 가족이라고는 아빠뿐인데. 어떻게 하면 아빠가 다시 눈이 좋아져서 건강해질까?'

심청이 아빠는 눈이 보이지 않았어요. 그래서 심청이는 아빠가 늘 걱정되었어요. 심청이는 아빠 눈이 예전처럼 보인다면 얼마나 좋을까 생각했어요. 마침 인터넷에서 찾아보니 수술을 받으면 나아진다는 얘기가 있었지요. 하지만 심청이네는 가난했기 때문에 수술비를 댈 형편이 안 되었어요.

"휴."

학교에서 집에 가는데 자기도 모르게 한숨이 나왔어요. 같이 집에 가던 막내 돼지가 물었지요.

"아빠 때문에 그래? 심청이 넌 늘 걱정이 많아 보여."

"아. 그러게. 아빠가 예전처럼 건강해졌으면 좋겠는데. 내가 할 수 있는 게 없는 것 같아."

막내 돼지가 심청이를 위로했어요.

"지금은 따로 살지만, 우리 부모님이 늘 하던 얘기가 있어. 우리가 건강하고 행복하게 사는 게 부모님 걱정을 덜어 주는 거라고. 너희 아빠도 같은 마음이지 않을까?"

"으응. 우리 아빠도 그렇겠지? 그런데 자꾸 신경이 쓰여."

심청이는 막내 돼지와 헤어져 집에 왔어요. 숙제하려고 얼마 전 학교에서 나눠 준 룰루랄라 패드를 켰지요. 노트처럼 얇지만 컴퓨터처럼 쓸 수 있는 기기였어요. 숙제를 하던 심청이는 인터넷 창 한편에 뜬 게시물에 눈길이 갔어요.

'인당수에 가서 소원을 빌며 몸을 던지면 소원이 이루어진다!'

게시물을 눌러 보니 글쓴이는 먼 바닷가 마을에서 조금 떨어진 곳에 '인당수'라는 곳이 있다고 했어요. 물이 아주 깊은 바다로, 그곳에서 소원을 빌면서 떨어지면 소원이 이루어진다는 얘기였지요. 그 글에는 아주 많은 댓글이 달려 있었어요.

'나도 이 방법대로 하고 소원을 이뤘어. 내가 1등이다!'

'무슨 1등을 했는지는 모르겠지만 정말 용감하다.'

'그게 사실이면 소원을 못 이루는 사람이 없게?'

'이걸 믿는다고?'

'믿고 안 믿고는 자유다. 하지만 해 본 사람만이 진실을 안다.'

'이런! 우리 가문만 아는 방법을 누가 여기에 공개했지?'

심청이는 댓글들을 보고 혼란스러웠어요. 게시글 내용대로 자신이 인당수에 가서 용기를 낸다면 아빠가 시력을 되찾을지도 모르니까요.

아빠를 돕겠다는 효심이 가득한 심청이는 댓글이 진짜인지 가짜인지 분별할 수 없었어요.

'인당수는 너무 깊어서 해녀들도 잘 가지 않는 곳이에요.

함부로 따라 하지 마세요.'

경고하는 댓글도 있었지만 심청이 눈에는 잘 띄지 않았어요.

"심청아! 학교 잘 다녀오렴!"

다음 날, 아빠가 환하게 웃으며 심청이를 배웅했어요. 심청이는 고개를 끄덕이면서도 오늘 인당수에 가겠다는 마음뿐이었지요. 학교 수업이 끝날 때까지 심청이는 내내 인당수에 가서 소원을 이룰 방법만 생각했어요.

딩, 동, 댕.

마침내 학교를 마치는 종이 울리자 심청이는 막내 돼지에게 볼일이 있다며 혼자 버스에 탔어요.

'난 수영을 잘하니까 괜찮을 거야. 소원을 빌면서 바다에 떨어졌다가 다시 나오면 되지 뭐. 난 용감한 아이니까. 아빠가 예전처럼 건강을 되찾을 수 있다면 뭐든 하겠어.'

심청이는 버스에서 내려 인당수 근처 높은 절벽으로 걸어갔어요. 혼자 산을 올라 절벽으로 향하려니 무서웠지요. 산속은 밖에서 보는 것보다 어두웠어요.

마침내 절벽에 다다른 심청이는 인당수를 내려다보았어요. 물이 시커메서 무서웠지만, 심청이는 두 눈을 꼭 감은 채 아빠만 떠올리며 소원을 빌었어요.

'아빠가 예전처럼 시력을 되찾아 두 눈을 떴으면 좋겠어요.'

그러고는 그대로 인당수로 곧장 뛰어내렸어요.

심청이는 깊은 바닷속으로 떨어지면서 정신이 아득해지는 걸 느꼈어요. 수영은 잘했지만 인당수가 이토록 깊을 줄은 몰랐거든요. 눈을 뜨고 정신을 차리려 했지만 바닷속은 어두컴컴했어요. 물 밖으로 나오려고 열심히 수영했지만 점점 호흡이 가빠왔어요.

'아빠가 눈을 뜨는 걸 보고 싶었는데. 내가 먼저 이렇게 가다니.'

심청이는 그대로 정신을 잃었어요.

이윽고 환한 빛이 심청이를 감쌌어요. 눈이 부셔서 도저히 눈을 뜨지 못할 정도였지요.

"얘. 일어나 봐. 나처럼 가짜 뉴스에 속는 애가 여기 또 있을 줄이야."

'가짜 뉴스?'

눈을 떠 보니 심청이 옆에 거북이가 보였어요. 거북이가 심청이 마음을 알아챈 듯 말했지요.

"너, 소원을 이루려고 뛰어내린 거지?"

"어? 그걸 어떻게?"

거북이는 혀를 끌끌 차며 얘기했지요.

"으이구. 누가 또 소문을 퍼트린 거야? 한동안 잠잠하다 했더니, 요새 또 애들이 와서 다이빙을 하더라고. 그런데 여기는 너무너무 깊어서 함부로 뛰어내릴 곳이 아니야. 소원이 이뤄진다는 것도 다 누가 지어낸 헛소문이라고."

"뭐?"

심청이는 거북이 말에 너무 놀라서 할 말을 잃었어요. 거북이가 계속해서 투덜거렸지요.

"그렇다고 너무 자책하지는 마. 나도 속은 적 있으니까. 우리 바닷속 왕국의 용왕님이 오랫동안 편찮으셔서, 나도 몸에 좋다는 토끼 간을 구하려고 육지에 나온 적 있거든. 그때 토끼가 얼마나 화를 내던지. 그 후로 나는 인터넷에 떠도는 말이나 뉴스 같은 거 쉽게 믿지 않아."

심청이는 자기가 속았다는 걸 알고 눈물이 났어요. 거북이가 심청이의 등을 토닥이며 인사했지요.

"세상에는 간절한 마음을 이용해 속이는 나쁜 사람들이 있다고. 그러니 함부로 믿지 마."

심청이는 바닷속으로 멀어져가는 거북이 뒷모습을 하염없이 바라보았어요.

'내가 믿고 싶은 대로 믿는 바람에, 하마터면 아빠를 영영 보지 못할 뻔했어.'

그때 멀리서 심청이를 애타게 부르는 아빠 심봉사의 목소리가 들렸어요.

"심청아! 심청아! 거기 있는 게 심청이 맞지?"

심청이는 반가움에 눈물을 닦고 아빠가 있는 쪽으로 내달렸어요.

거북이가 알려 주는 어린이 인권

어린이는 온라인에서 다양하고 믿을 수 있는 정보를 안전하고 쉽게 찾을 수 있어야 해요. 거짓되거나 잘못된 정보로부터 보호받아야 해요.

온라인에서 만나는 정보, 믿어도 될까?

요즘 우리는 케이블 방송은 물론, 유튜브와 같은 동영상 플랫폼(platform)을 통해 셀 수 없이 많은 사람들의 방송을 봐. 그래서 예전보다 다양한 정보를 손쉽게 접하는데 이러한 상황에서 우리에게 꼭 필요한 게 있어. 바로 비판적인 눈이야. 사실을 보도하더라도 편집되고 보도되는 과정에서 보도하는 사람의 개인 생각이나 의견이 들어갈 수 있어. 또 만드는 사람의 관점에 따라 똑같은 사실도 다르게 해석될 수 있고.

그래서 우리는 어떤 정보를 볼 때 비판적으로 보아야만 해. 내가 보는 정보가 무엇을 부정적으로 표현하고 무엇을 의도하는지, 어떤 부분을 잘라 내고 강조해서 보여 주는지 말이야.

가짜 뉴스를 가려내는 미디어 리터러시가 필요해!

가짜 뉴스는 말 그대로 사실이 아닌 것을 사실인 것처럼 보도하는 조작된 뉴스야. 처음부터 사람들이 많이 보게 할 목적으로 제목을 자극적으로 달아. 그 내용에도 책임지지 않지. 가짜 뉴스를 만드는 사람들은 자극적인 제목과 사실이 확증되지 않은 내용으로 사람들의 시선을 끌어. 조회 수를 높여 인기를 얻고 돈을 벌 목적으로 일부러 조작된 가짜 뉴스를 퍼뜨렸다가 쉽게 삭제해.

이런 상황에서 온라인에 퍼진 이야기를 사실인 것처럼 쉽게 믿으면 심청이처럼 피해를 볼 수 있어. 또 조작된 정보를 공유했다가 다른 사람에게 피해를 입힐 수도 있지. 그래서 더욱 가짜 뉴스 같은 잘못된 정보를 분별하는 능력이 필요해. 이게 바로 **미디어 리터러시**야.

무조건 믿지 말고 정보가 사실인지 확인해 봐!

인공 지능 시대에 더 중요해진 미디어 리터러시

미디어 리터러시를 **디지털 문해력**이라고도 하는데, 이는 디지털 기술과 미디어를 비판적으로 분별하여 올바르게 사용하는 능력을 뜻해. 온라인에서 가짜 뉴스를 가려내고 필요한 정보를 효과적으로 찾아 생산까지 할 수 있는 능력이야. 최근에는 인공 지능 기술이 더 발달하면서 디지털 문해력을 높일 필요성이 더 커졌어. 인공 지능은 온라인에 공개된 정보의 사실을 확인하지 않고 학습해서 가짜 정보도 쉽게 감쪽같이 진짜처럼 만들 수 있어.

게다가 유튜브와 같은 동영상 플랫폼에서는 인공 지능 기술을 이용해서 시청자마다 자주 보는 영상을 기준으로 그에 맞춘 영상들을 주로 보여 줘. 그래서 자칫 내 생각이 한쪽에 치우치기 쉽다는 것을 명심해.

인권을 지키는 디지털 시민의 약속

◆ 가짜 뉴스 VS 진짜 뉴스, 어떻게 구별할까?

☑ 제목이나 섬네일(thumbnail)만 보지 말고 내용까지 꼼꼼하게 읽어 봐. 사람들의 관심을 끌기 위해 일부러 제목을 헷갈리게 짓는 경우가 많거든. 그러니 제목이나 섬네일만 보고 판단해서는 안 돼.

☑ 작성자와 작성 날짜가 분명한지 살펴봐. 이름과 날짜가 없다는 건 아무도 책임지지 않겠다는 뜻이니까.

☑ 정보를 만든 이가 믿을 만한 기관과 전문가인지 살펴봐. 단순히 이름이 알려져 있다고 해서 믿을 만한 건 아니야. 언제나 정보에는 만드는 사람의 의견이 반영될 수 있다는 걸 기억해.

☑ 참고 문헌과 같은 자료의 출처가 적혀 있는지 살펴봐.
지어낸 이야기인지 바탕이 되는 확실한 자료가 있는지
알 수 있어.

☑ 같은 주제를 다룬 기사를 여러 개 찾아서 비교해 봐.
한 사람 혹은 한 기관의 정보만 보지 말고, 다른 시각에서
살펴본 기사는 없는지 확인하면 더 정확한 사실을
알아낼 수 있어.

◆ 디지털 문해력은 어떻게 키울까?

☑ 디지털 문해력을 키우려면 책을 많이 보는 게
도움이 돼. 책을 읽을 때도 가능하면 다양한
분야의 책들을 보고 질문하며 다른 사람과 대화를
나눠 보렴. 생각이 한쪽에 치우치지 않도록 말이야.

☑ 직접 게시물을 만들어 올릴 때는 내가 쓴 내용이
다른 사람에게 어떤 영향을 끼칠지 생각해 봐.

3장

엄지 공주가 아니라 엄지예요!

엄지는 학교 수업이 끝난 후 집이 같은 방향인 빨간 모자와 함께 집으로 걸어갔어요. 정확히는 엄지가 빨간 모자의 어깨에 앉아 집으로 갔지요. 빨간 모자는 최근에 잡힌 늑대 얘기를 신나게 했어요. 하지만 엄지는 학교에 있을 때부터 계속 시무룩해했지요.

"무슨 일이야? 늑대도 잡혔는데."

"응, 사실은……."

엄지는 그동안 집에서 있었던 일을 얘기했어요.

"너도 알다시피 나는 꽃씨에서 태어났잖아. 우리 엄마랑 아빠랑 하도 아이가 안 생겨서 매일 새벽마다 우물에서 물을 떠다 놓고 빌었대. 엄지손가락만 한 아이라도 좋으니 부디 아이가 생기게 해 달라고……. 그러던 어느 날, 기도하던 우물물에 꽃씨가 딱 앉더래. 엄마 아빠가 꽃씨를 보고 이건 신의 뜻일 수 있다면서 정성 들여 키운 게 나였던 거야."

빨간 모자가 이미 다 아는 얘기라는 듯이 고개를 끄덕이자 엄지가 말을 이었어요.

"그런데 이걸 진짜로 믿을 수 있겠어? 너도 내 친한 친구니까 믿는 거일 테지만, 아마 다른 사람은 잘 믿지 않겠지. 그래서 엄마가 온라인 방송을 시작한 거야."

"우리 아이 좀 보세요. 꽃씨에서 태어난 아이라니까요. 매일 새벽에 기도한 우리 소원을 하늘이 들어주신 거예요!"

엄지 엄마가 말하자 이웃 아주머니가 말했어요.

"네, 참 예쁘네요. 예뻐. 그래도 어디 가서 꽃씨에서 태어났다는 말은 하지 마요. 누가 들으면 웃겠어. 워낙 자식이 예쁘니까 그런 걸 테지만."

"예? 아니에요. 정말이라니까요."

"네, 네. 그럼 점심 맛있게 먹고, 또 봐요."

멀어지는 이웃 아주머니의 뒷모습을 보며 엄지 소녀의 엄마는 마음이 답답했어요. 왜 믿어 주지 않는 건지, 이렇게 작고 예쁜 아이가 꽃씨에서 태어난 게 왜 못 믿을 말인지 이상했죠. 그래서 엄지 아빠에게 말했어요.

"여보, 사람들이 우리 귀여운 엄지가 꽃씨에서 태어났다니까 믿지를 않네요. 진짜인데……."

"하하. 그럴 수도 있지요. 그래도 우리에게 엄지가 있다는 게 중요한 게 아니겠어요?"

"그건 그렇지만……."

엄지 아빠 말에도 엄지 엄마는 상한 마음이 쉽게 풀리지 않았어요. 그래도 사랑스럽고 귀여운 엄지를 돌보면서 사진을 찍는 동안은 마음이 사르르 녹았지요.

어느 날 엄지 아빠에게 스마트폰을 선물 받은 엄지 엄마는 '아이예뻐그램' 앱을 발견했어요. 들어가 보니 사람들이 너도나도 할 것 없이 자기 아이 자랑을 하고 있지 뭐예요?

"여보! 나도 우리 엄지 사진을 여기에 올릴까 봐요! 우리 아이처럼 작은 아이는 세상에 없잖아요? 모두가 예뻐할 거예요!"

엄지 아빠가 말렸어요.

"여보, 다른 사람이 인정하는 게 뭐가 그리 중요하겠어요? 그저 우리 셋이 알콩달콩 삽시다. 다른 사람을 너무 신경 쓰지 말아요."

하지만 엄지 엄마는 쉽게 마음을 바꾸지 않았어요.

"그럼 나 혼자서라도 할래요. 우리 아이 자랑하는 게 뭐가 나빠요?"

엄지 엄마는 그날부터 매일 '아이예뻐그램'에 엄지의 사진을 올렸어요. 엄지 엄마 말대로 세상에 엄지만큼 작고 예쁜 아이는 없었어요. 그래서 하루 만에 '좋아요'가 5천을 넘었지요. 인기 영상의 '좋아요' 수가 1만인 것에 비하면 상당히 빠르게 얻은 인기였어요.

'좋아요' 수는 계속 늘어나 7천까지 갔어요. 하지만 한 달쯤 지나서는 더 늘지 않았지요. 그때 엄지 엄마의 눈에 이런 댓글이 보였어요.

"나튜브도 해 보세요. 엄지 공주가 어떻게 생활하는지 궁금해요."

엄지 엄마는 이제 나튜브 계정까지 만들었어요. 이때부터 엄지를 엄지 공주라고 부르며 영상을 찍기 시작했지요.

"우리 엄지 공주. 여기 보렴. 수박 위에 앉아서 수박 먹는 모습을 한번 찍어 보자꾸나. 호호."

반으로 자른 수박 위에 엄지가 앉으니 엄지가 얼마나 작은지 더 잘 보였어요. 엄지 엄마는 이제 자연스러운 사진을 찍는 데 그치지 않았어요. 계속해서 엄지에게 어떤 행동을 시키면서 영상을 찍었지요.

"엄지야. 이번엔 수박 물 위에서 헤엄쳐 볼까? 꼭 수영장 같구나! 호호."

수박 물 웅덩이에 발을 담근 엄지가 말했어요.

"엄마. 물이 달아선지 좀 찐득해요. 이제 나가면 안 돼요?"

"잠깐인데 뭘 그러니. 얼른 수영해 보렴. 활짝 웃으면서 들어가는 거야. 알았지?"

엄지는 계속 엄마가 자기를 엄지 공주라고 부르면서 영상을 찍는 게 싫었어요. 한번은 엄마가 영상을 찍다가 무당벌레로 엄지를 놀라게 했거든요. 조회 수를 높이기 위해 그런 일까지 하는 엄마 모습에 엄지는 실망했어요.

엄지가 빨간 모자에게 말했어요.

"난 무엇보다 엄마가 변한 게 싫어. 나를 소중하게 여기고 사랑했던 엄마는 이제 없는 것 같아. 내일 저녁에는 또 라이브 방송을 하기로 했지 뭐야. 내 의견은 묻지도 않고."

빨간 모자가 물었어요.

"아빠는 뭐라셔? 아빠는 도와주실 수 있잖아."

"응. 그런데 엄마랑 아빠가 싸울까 봐 걱정돼. 나 때문에 싸우면 어떡하지?"

"두 분은 사이좋은 잉꼬부부로 소문났댔어. 그러니 널 생기게 해 달라고 매일 같이 빌었겠지. 그러니 얘기해 보면 의

외로 잘 해결될 수도 있어. 지금 중요한 건 너라고. 계속 엄지 공주로 살아도 되겠어?"

"아니. 그러고 싶지는 않아. 나는 평범하게 살고 싶은걸."

"그래. 그렇다면 엄마한테 이제 사진 찍는 것도, 영상 찍는 것도 싫다고 얘기해 봐."

"엄마가 실망하면 어쩌지?"

"너를 다른 사람들에게 자랑 못 하는 건 실망할 수도 있지. 하지만 그래도 네 행복이 먼저일 거야. 그러니 용기를 내 봐."

"알았어. 엄마에게 잘 얘기해 볼게."

다음 날 저녁, 엄지 엄마는 나튜브로 생방송을 시작했어요.

"우리 엄지 공주, 학교 갔다 돌아오면 어떻게 지내는지 궁금하죠? 오늘은 구독자 여러분들의 질문에 모두 대답해 드립니다. 모두 마음껏 질문해 주세요!"

엄마는 방송을 시작하기 전 엄지에게 신신당부했어요.

"엄지야. 사람들에게 행복한 모습을 보여 줘야 해. 누가 봐도 즐거운 표정을 지어야 사람들이 좋아한단다. 알았지?"

엄지는 아무 대답도 하지 않았어요. 이윽고 엄마가 컴퓨터에 달린 카메라로 엄지를 비추었죠. 채팅 창에는 사람들의 질문이 우수수 쏟아졌어요.

"엄지 공주, 뭘 먹고 그렇게 얼굴이 작나요?"

"엄지 공주, 친구들과 함께 걸을 땐 어떻게 걷지요?"

"이상형이 뭔가요?"

엄지는 억지로 기분 좋은 표정을 지으며 하는 방송을 하기 싫었지만, 어느새 엄마에게 이끌려 자기도 모르게 방긋방긋 웃고 있었어요. 그때 채팅 창에 이런 질문이 올라왔어요. 엄마가 대신 질문을 읽어 주었죠.

"엄지 공주, 엄마가 지어 준 이름이 마음에 드나요?"

엄지는 엄마 말에 억지 미소를 지어 보이고는, 아무 대답도 하지 않았어요. '공주'란 말은 처음부터 듣기 싫었으니까요. 그러자 아까 질문을 했던 사람이 또 질문을 했어요. 이번에는 엄지가 질문을 읽었어요. 엄지의 목소리가 점점 가라앉았지요.

"엄지 공주, 지금 행복한가요? 요즘 즐겁지 않아 보여서 걱정이 돼요. 행복은 별것 없어요. 그저 지금 하는 일이 신나고 계속하고 싶은 게 중요하죠."

질문을 다 읽은 엄지는 아무 말도 하지 못하고 고개를 푹 숙였어요. 그러자 당황한 엄마가 말했지요.

"엄지 공주, 대답해야지?"

엄지가 계속해서 아무 말도 하지 않자, 엄지 엄마가 대신 말했어요.

"우리 엄지 공주는요, 이 방송을 얼마나 좋아하는지 몰라요. 오늘은 좀 힘든가……."

엄지 귀에는 엄마의 목소리와 함께 빨간 모자의 말이 스쳐 지나갔어요.

'지금 중요한 건 너라고. 계속 엄지 공주로 살아도 되겠어?'

엄지는 다시 고개를 들어 채팅 창을 보았어요. 그리고 용기를 내어 말했어요.

"사실, 저는……. 행복하지 않아요."

"어머? 애가 무슨 말을."

엄마가 당황했지만 그럴수록 엄지는 하고 싶은 말이 분명해졌어요.

"아이디 '파란 손수건' 님, 저를 걱정해 주셔서 고맙습니다. 솔직히 말하면 저는 '엄지 공주'라는 이름을 좋아하지 않아요. 싫어해요. 그동안 엄마가 좋아하니까……. 못 하겠다는 말을 못했어요. 이제 나튜브도 더 하지 않겠습니다. 여러분 죄송해요."

"여러분 미안합니다."

엄마도 사과 인사를 하고 황급히 방송을 껐어요. 그러고는 엄지에게 말했지요.

"엄지 공주야, 아니 엄지……."

엄마는 엄지를 어떻게 불러야 할지, 무슨 말을 해야 할지 모르는 것 같았어요. 엄지가 먼저 말했지요.

"엄마, 나는 엄마를 사랑해요. 그래서 그동안 엄마가 하

란 대로 엄지 공주 나튜브도 열심히 했어요. 그런데 나는 엄지 공주로 살고 싶지 않아요. 그냥 엄지로 살면 안 돼요? 엄마, 엄지 공주 말고 엄지는 사랑하지 않아요?"

엄지를 지긋이 바라보던 엄마는 눈물을 주르륵 흘렸어요. 한참 울던 엄마가 엄지를 꼭 안아 주며 말했지요.

"그동안 엄마가 네 마음을 잘 알지 못했구나. 내 마음만 앞섰어. 미안해……."

그동안 불안했던 엄지는 그제야 마음을 놓았어요. 빨간 모자 말대로 솔직히 마음을 털어놓은 건 잘한 일이었어요.

빨간 모자가 알려 주는 어린이 인권

어린이는 디지털 세상에서 사생활을 보호받아야 할 권리가 있어요. 디지털 세계에서 여러분의 사생활 정보는 가족을 비롯해 친구, 선생님, 낯선 사람, 기업, 정부 기관 등에 동의 없이 공유되거나 공격받지 않아야 해요.

◆ 소셜 네트워크 서비스(SNS)로 내 사생활이 노출된다고? ◆

학교에 가면 친구들과 여러 가지 이야기를 나누지? 어제 무슨 일이 있었는지, 내가 무엇을 좋아하는지 같은 얘기 말이야. 이제는 사람들이 인터넷을 이용해 온라인에서 교류하는 일이 많아졌어. 멀리 떨어져 있어도 누구든 서로 친구가 될 수 있지. 유튜브나 틱톡, 인스타그램, 블로그 등 온라인에서 사회적 관계를 쌓는 거야. 이렇게 사람들을 연결해 주는 서비스를 **소셜 네트워크 서비스(SNS)**라고 해.

사람들이 SNS를 많이 이용하면서, 사생활을 침해받는 사례도 부쩍 늘었어. 제일 많은 경우는 친구와 부모님한테 침해받는 경우야. 친구와 부모님은 나와 가까운 만큼 나를 가장 많이 알고, 내 사진이나 영상을 쉽게 찍을 수 있어.

셰어런팅을 알고 있니?

SNS에 자녀의 소식을 주기적으로 올리는 걸 셰어런팅이라고 해. '공유하다'라는 의미의 셰어(share)와 '양육'의 페어런팅(parenting)의 합성어야. 부모님은 아이가 어릴 때부터 성장하는 과정을 기록하고 싶어서 SNS에 사진이나 영상을 많이 남겨. 하지만 그 과정에서 내 이름이나 사는 곳 같은 개인 정보가 알려질 수 있으니 주의해야 해. 자칫 범죄 대상이 될 수 있거든. 특히 전문가들은 어릴 때 온라인에 남은 기록 때문에 아이들이 커서 고통을 겪거나 힘들어질 수 있다고 경고했어. 디지털 세계는 어린이들이 커서 성인이 된 후에도 계속해서 영향을 미칠 테니까.

아이들 사진을 맘대로 올리지 않아요.

개인 정보를 지키도록 노력해요.

내가 모르는 사이 노출되는 개인 정보

SNS를 비롯해 인터넷을 이용하면서 어린이의 개인 정보가 자기도 모르게 기업에 빠져나갈 수 있어. 영상을 보다가 내가 좋아하는 것들로만 영상이 나타나는 걸 본 적 있니? 또 내가 보았던 물건의 광고가 계속해서 뜨는 걸 본 적 있어? 인터넷에서 내가 클릭해서 열어 봤거나 '좋아요'를 눌렀던 게시물에는 내 흔적이 남아. 내 정보를 기억해서 추천 영상을 띄우고 맞춤 광고를 띄우는 거지. 또 내가 등록하지 않은 사람이 나에게 이메일이나 메시지를 보내기도 해.

이런 일들은 어떻게 일어날까? SNS, 웹사이트, 애플리케이션을 이용하기 위해 회원 가입을 할 때, 어린이도 이름과 나이 같은 정보를 입력하게 되어 있어. 개인 정보는 각 업체의 규칙에 따라 보관되는데, 어떻게 이용되는지는 잘 알려 주지 않지. 특히 무료로 제공되는 서비스를 이용할 때는 주의해야 해. 모든 기업은 이익을 추구해. 과연 무료 서비스를 제공해서 기업이 얻는 건 뭘까? 그건 우리의 개인 정보일 수도 있어.

인권을 지키는 디지털 시민의 약속

◆ '개인 정보'란 무엇일까?

사생활을 지킨다는 건 개인 정보를 지킨다는 뜻이야. 개인 정보에는 이름, 성별, 나이, 주소, 전화번호, 학교 이름, 학년, 학원 이름, 가족, 친구 등이 해당해. 한마디로 내가 누구인지 특정할 수 있는 정보지. 디지털 세상에서는 아이디(ID), 비밀번호, 이메일 주소, 사진, 채팅 내용, 인터넷 접속 기록도 개인 정보에 포함돼. 또 그 밖에 다른 정보들이 나도 모르게 새어 나갈 수 있으니 주의해야 해.

◆ 디지털 시대에 내 개인 정보를 지키려면?

☑ **공용 컴퓨터를 썼니?** 쓴 다음에는 꼭 로그아웃을 하고, 로그인 기록과 인터넷 기록을 삭제해.

☑ **SNS에 가입하기 전에 이용 약관을 꼼꼼히 살펴봤니?**
어려운 말로 되어 있다면 어른들에게 물어봐도 돼. 어린이 이용자를 위해 더 쉽고 명료하게 만들어 달라고 의견을 전달할 수도 있어.

☑ **내가 올리는 글이나 사진 등의 정보를 어디까지 공개할지 생각해 봤니?** 이웃이나 친구를 맺은 사이에만 보이게 할 수도 있어.

☑ **사진을 찍거나 올리기 전에 지피에스(GPS)가 꺼져 있는지 확인했니?** GPS는 인공위성으로 위치를 정확히 알아내는 거야. 사진을 찍을 때 GPS가 켜져 있다면 위치 정보가 자동으로 들어갈 수 있어. 만약 집 안에서 찍은 사진이라면 누군가 내가 사는 곳의 위치를 짐작할 수 있지.

☑ **올리려는 사진이나 영상에 장소를 알 수 있는 곳이 보이니?**
가게나 건물 이름, 간판의 전화번호 등이 나오거나 실시간으로 장소를 태그하지 않게 주의하자. 이런 정보가 포함되어 있다면 사는 곳을 직접 알려 주지 않아도 알아낼 수 있어. 어떤 경우에는 누군가가 실시간으로 정보를 확인하고 찾아올 수 있거든.
실제로 온 가족이 휴가 중이라고 알렸을 때 도둑이 이를 이용해 빈집을 털어 간 사례도 있어. 또한 집 안에서 찍은 사진에도 정보가 노출될 수 있으니 주의하자.

☑ **온라인 거래를 하거나 설문 조사에 응할 거니?** 누구에게도 개인 정보를 직접 알려 주면 안 돼. 아이디(ID)와 비밀번호, 사는 곳, 학교와 같은 정보를 알려 주지 말자.

내 개인 정보를 가져가려는 수법에 속지 말자!

☑ **재미있어 보이는 정보를 이어서 보고 싶은데 회원 가입을 하라는 알림이 뜨면?** 잘 알려져 있고 믿을 만한 곳인지 확인해 봐. 단순히 개인 정보를 가져가려고 만들어진 사이트나 애플리케이션도 있으니 회원 가입에 주의하자. 믿을 수 있는 사이트에는 인터넷 주소창 앞에 자물쇠가 보일 거야. 진짜 사이트와 똑같이 만든 가짜 사이트도 있으니 조심해.

☑ **인터넷 사이트를 둘러보는데 갑자기 이벤트 당첨 소식이 떴다고?** 이건 반가워할 일이 아니야. 세상에서 대가를 치르지 않고 얻을 수 있는 건 없거든. 이벤트에 당첨되었다며 개인 정보를 요구하면 절대 입력하지 말자.

☑ **모르는 사람에게 받은 이메일과 문자 메시지에 인터넷 링크가 들어 있다고?** 모르는 주소는 누르면 안 돼. 링크를 누르는 순간 악성 코드가 설치되어 컴퓨터나 스마트폰이 해킹되면서, 저장된 정보가 빠져나갈 수 있어. 또한 바이러스에 감염될 수도 있지. 어떤 경우에는 누르는 순간 자동으로 큰돈이 결제가 될 수도 있어.

☑ 설문 조사를 한다면서 내 개인 정보를 적으라는데 어떻게 할까?

내가 적은 개인 정보는 어떻게 이용될지 몰라. 사은품을 제공한다며 유혹해도 내 개인 정보의 값어치는 훨씬 더 크다는 걸 기억해.

만약 내 개인 정보가 빠져나갔다면 어떻게 하지?

실수로 모르는 링크를 눌렀다면

- 한국인터넷진흥원 118 상담 센터로 전화해서 상담하자.
- 백신을 다운받아 악성 코드를 검사하고 치료하자.
- 모르는 링크를 보호나라 홈페이지(www.boho.or.k)에 들어가서 신고하자.

잘못해서 큰돈이 결제됐다면

- 빨리 부모님께 알리고 결제를 막아야 해. 이상한 사이트에 들어간 걸 숨기려다가 일이 더 커질 수 있어.

◆ 어릴 때 가입했던 사이트들을 탈퇴하고,
내 사진과 기록들을 없애고 싶은데 어떻게 하지?

☑ 어린이는 일찍부터 디지털 세상을 경험했기 때문에 오랫동안 개인 정보가 노출되는 특징이 있어. 이 때문에 '개인 정보 보호 위원회'는 2023년 4월부터 '디지털 잊힐 권리 시범 사업'을 시작했어. 이 서비스를 이용하면 29세 이하에 작성한 글, 사진 등을 삭제하는 걸 지원받을 수 있으니 기억해 두자.

4장

고양이 탐정! 실종 사건을 해결해 줘!

장화 신은 고양이 탐정은 여느 때처럼 책상 앞에 앉아 장화를 벗고 슬리퍼로 갈아 신은 뒤, 신문을 펼쳤어요. 아침마다 하룻밤 사이 옛날옛적 나라에 어떤 사건이 있었는지 알아보며 업무를 시작했지요. 고양이 탐정은 인터넷으로 보는 신문보다 직접 넘기면서 볼 수 있는 종이 신문을 제일 좋아해요.

고양이 탐정이 한창 신문을 읽는데 제비가 창문으로 날아 들어왔어요. 제비는 고양이 탐정의 일을 도와주는 든든한 조수예요.

"탐정님, 안녕하세요? 오늘 안 좋은 일이라도 있나요? 표정이 어두워 보여요."

고양이 탐정은 미간을 잔뜩 찌푸린 채 가르릉 소리를 냈어요.

"이렇게 세상이 험악해져서야! 발전하는 디지털 기술을 이용해서 아이들의 인권을 해치는 일이 늘어나다니!"

제비는 고양이 탐정이 화내는 모습을 보며 바들바들 떨었어요. 이런 모습은 처음이었지요.

"큰일이에요. 이번에 들어온 사건도 아이들 사건이더라고요……."

"하, 이리 줘 보게."

고양이 탐정은 제비가 물고 온 사건 의뢰서를 얼른 읽어 봤어요. 표정은 아까 신문을 읽을 때보다 더 심각해졌지요. 빠른 속도로 사건 의뢰서를 검토한 고양이 탐정은 벌떡 일어나 말했어요.

"출장 갈 준비됐나? 당장 나랑 같이 가야겠군! 어떻게 이런 일이!"

"네. 모든 준비를 마쳐 두었어요. 얼른 가시죠."

고양이 탐정은 재빨리 푸른 장화를 신었어요. 원래도 고양이 탐정은 머리가 좋지만, 폭신한 장화를 신으면 추리력이 더 쑥쑥 올라가거든요. 준비를 마친 고양이 탐정과 제비는 바로 긴급 사건 의뢰서를 보낸 산 너머 마을로 떠났어요. 고양이 탐정은 폴짝폴짝 뛰면서, 제비는 훨훨 날면서 지름길을 찾아갔지요.

산 너머 마을에 도착한 고양이 탐정과 제비는 두 학생이 온데간데없이 사라졌다는 학교에 찾아갔어요. 고양이 탐정이 도착했다는 소식을 듣고 학교에서 교장 선생님이 뛰어나와 반갑게 맞았지요.

"탐정님! 이리 귀한 발걸음을 해 주시니 정말 고맙습니다. 환상의 호흡을 보여 준다는 제비 조수도 함께 와 주셨군요. 분명히 두 분은 이번 사건을 해결해 주실 수 있을 겁니다."

고양이 탐정과 제비는 교장 선생님이 하는 말에 살짝 기분이 좋아졌어요.

"사건 의뢰서를 보니 오지 않을 수 없더군요. 두 아이가 사라졌다니요. 무슨 일인가요?"

"저도 그게 의문입니다. 사실 제가 이 학교에 교장으로 온 지 얼마 안 되어 생긴 일이라 저도 깜짝 놀랐습니다."

"혹시 아이들이 학교생활에 문제가 있었나요?"

고양이 탐정이 날카로운 눈빛으로 물었어요.

"아니요. 두 아이 모두 공부도 잘하고 예의도 바른 모범 학생이었습니다."

"그런데 갑자기 학교에서 사라졌다……. 사건 의뢰서를 보면 오늘 아침 등교 후, 정확히 1교시 후에 둘이 함께 사라졌다는 거죠? 가방도 소지품도 그대로 둔 채로 말입니다."

고양이 탐정이 사건 의뢰서를 뒤적이며 말했어요.

"그러니까요. 저희가 학교 출입구에 있는 보안 카메라를 모두 확인했는데, 두 아이 모두 학교에 들어오는 모습은 영상에 찍혔지만 밖으로 나가는 모습은 없었습니다. 그동안 학교에 출입한 외부인도 없었고요."

"그렇다면 아이들은 학교에 있다는 건데. 흠. 아이들 소지품은 어디에 있죠?"

"예. 상담실에 준비해 놓았습니다. 가서 보시죠."

고양이 탐정과 제비 조수는 교장 선생님을 따라갔어요. 상담실에는 아이들 것으로 보이는 소지품이 책상에 가지런히 놓여 있었어요. 고양이 탐정 눈에 이상한 점이 눈에 띄었지요.

"핸드폰은 없군요. 둘 다 평소에 핸드폰을 안 썼나요?"

"안 그래도 핸드폰부터 찾았는데, 못 찾았어요. 친구들 말로는 언제부턴가 핸드폰을 잘 안 들고 다녔다고 해요. 들고 와도 꺼 둔 채로 사물함에 두었다고요."

"보통 이 나이 때 아이들은 핸드폰을 거의 손에서 떼지 않는데 이상하군요."

고양이 탐정이 고개를 갸우뚱하며 말했어요.

"탐정님, 아무쪼록 장화와 홍련을 빨리 찾아 주시길 바라겠습니다. 장화와 홍련 모두 어렵게 컸어요. 부모님 두 분 모두 일찍 돌아가셔서 삼촌이 돌봐 주고 있지요. 무슨 일이라도 생기면 이걸 가족에게 어떻게 전합니까."

교장 선생님은 고양이 탐정의 손을 꼭 붙잡고 부탁했어요. 교장 선생님이 떠나자, 상담실에는 고양이 탐정과 제비 조수 둘만 남았어요.

"두 아이가 그 짧은 시간 내에 보안 영상에도 찍히지 않고 학교 밖으로 나가는 것은 불가능해. 소지품이 그대로라는 건 금방 돌아오려다 못 왔거나, 아예 버린 경우야. 왜일까?"

제비 조수가 생각에 깊이 빠졌어요.

"탐정님, 우선 제가 학교 주변을 돌아볼게요. 놓친 게 있을지도 모르니까요."

제비 조수는 시력이 좋았어요. 공중에서도 땅에 무엇이 있는지 한눈에 알 수 있었지요.

그동안 고양이 탐정은 교실과 복도를 다니며 주변을 탐색했어요. 고양이 탐정은 복도 한쪽 구석에서 물이 떨어진 흔적을 발견했어요.

'이 물 자국은 뭐지?'

고양이 탐정이 물 자국을 따라 복도를 자세히 보니 급하게 물을 닦아 낸 흔적이 보였어요. 고양이 탐정은 교장 선생님의 협조를 받아 반 아이들을 한 명씩 상담실로 불렀지요. 아이들에게 하는 질문은 똑같았어요.

"장화, 홍련이와 친하니?"

아이들의 대답은 한결같았어요. 첫 번째 질문에 아니라고 답했죠.

"혹시 둘이 최근에 힘들어하는 게 있었니?"

두 번째 질문에도 다들 모른다고 했어요. 하지만 담임 선생님의 말은 달랐어요.

"장화와 홍련이랑 친한 아이가 있고 말고요. 장화랑 홍련이가 힘들어할 때마다 늘 곁에 있었어요. 숙제하는 걸 도와주기도 하고요."

고양이 탐정은 단서를 잡은 것 같았어요.

"혹시 체육복을 입은 아이인가요? 딱 한 아이만 입었던데요."

"아, 맞아요. 오늘 물을 옷에 쏟아서 아침부터 종일 체육복을 입고 있었어요."

그때 학교 주변을 둘러본 제비가 돌아왔어요.

"학교 밖에는 별다른 게 없었고, 창틀 바깥에서 핸드폰 하나를 발견했어요. 잠금 화면에 장화와 홍련이가 찍은 사진이 있더라고요."

"그래? 좋은 소식이군. 비밀번호는 풀었나?"

"그건 아직 알 수가 없어서요. 탐정님이 해 주셔야 할 것 같습니다."

"좋아. 핸드폰에서 단서를 찾아보자고."

고양이 탐정은 컴퓨터 지식이 깊었어요. 그래서 핸드폰과 컴퓨터를 연결해 핸드폰의 잠금 상태를 푸는 데 열중했지요. 그러자 10분 후 핸드폰 잠금이 풀렸어요.

고양이 탐정과 제비 조수는 같이 얼굴을 맞대고 핸드폰에서 메시지들을 확인했어요. 그러자 생각지도 못한 내용이 장화와 홍련의 메시지에서 나왔지요.

대화를 보던 고양이 탐정과 제비는 눈살을 찌푸렸어요. 장화와 홍련이는 누군가에게 계속 메신저와 메시지로 괴롭힘을 당해 왔어요.

둘이 대화방에서 나가도 곧 다시 초대되어 괴롭힘은 멈추지 않았어요. 두 아이가 사라지기 전 홍련이가 마지막으로 받은 메시지에는 '가족사진을 찾고 싶으면 거기로 와.'라고 적혀 있었고요.

고양이 탐정은 장화와 홍련이 예전에 연못에 빠졌던 사

실을 기억해 냈어요. 곧장 교장 선생님을 찾아 물었어요.

"여기 근처에 물 많은 곳이 어디 있죠?"

"예? 수영장이 있지요. 체육관에요. 호, 혹시!"

순간 교장 선생님의 안색이 새파랗게 질렸어요.

"이럴 시간이 없습니다. 얼른 앞장서시죠!"

고양이 탐정과 제비 조수는 허둥대며 뛰어가는 교장 선생님을 바짝 뒤쫓았어요.

호, 혹시!

"도대체 왜 그랬어? 조금만 늦게 발견했어도 장화와 홍련이는 체온이 떨어져 목숨을 잃었을지도 몰라! 이 추운 날 물에 빠지게 하고 못 나오게 가둬 버리다니!"

교장 선생님이 팥쥐를 다그쳤어요.

"그냥 부모님이 없는데도 공부도 잘하고 친구들이랑 잘 지내는 게 꼴불견이었어요. 선생님도 장화랑 홍련이를 좋아하고 그래서 놀려 줄 겸……."

둘러대기 바쁜 팥쥐에게 고양이 탐정이 소리쳤어요. 쾅! 책상을 내려치면서요.

"지금 그걸 변명이라고 하는 건가? 겉으로는 친한 척, 그동안 남모르게 아이들을 대화방으로 불러 괴롭히는 것도 모자라 둘이 끔찍하게 싫어하는 물에 빠트리다니! 게다가 문을 잠가서 가두어? 이제 팥쥐 너는 옛날옛적 나라 법에 따라 큰 벌을 받을 거야! 당장 이 학교를 떠나 감옥과 다름없는 자숙 학교로 가야 할 거야!"

고양이 탐정이 휙휙 날카로운 발톱을 팥쥐 앞에 휘둘렀어요. 팥쥐는 벌벌 떨며 눈치를 보았지요.

이튿날 제비가 고양이 탐정을 찾아왔어요.
"탐정님, 교장 선생님께 연락은 받으셨어요?"
고양이 탐정은 보던 신문을 내려놓고 웃으며 제비를 맞았어요.
"다행히 둘 다 의식도 돌아왔고, 건강도 차차 회복해서 모레쯤이면 퇴원한다는군."
"휴, 정말 다행이에요. 넓은 수영장에서 얼마나 무서웠을까. 또 그동안 얼마나 힘들었을지 생각만 해도 제가 다 오싹해요. 그런데 탐정님은 팥쥐가 아이들을 수영장으로 불러냈다는 걸 어떻게 알아낸 거예요?"
"처음 복도에서 발견한 물 흔적이 심상치 않았거든. 게다가 아침부터 체육복을 입은 아이가 옷이 물에 젖어서 갈아 입었다니, 뭔가 있다 싶었지. 장화, 홍련이와 친한 사이인지 아닌지 말이 다른 것도 의심스러웠고. 그러던 차에 대화방을 보니 더 확신이 든 거야."

"탐정님이 빨리 해결해서 참 다행이에요. 팥쥐의 괴롭힘이 더 커지기 전에 막아서요. 그렇지요?

고양이 탐정이 고개를 저으며 말했어요.

"아이들에게 너무 미안해. 아이들은 왜 먼저 학교와 가족에게 도와달라고 말하지 못했을까. 왜 어른들이 미리 눈치채고 지켜주지 못했을까."

제비는 고개를 끄덕일 뿐, 아무 말도 하지 못했어요.

장화 신은 고양이가 알려 주는 어린이 인권

어린이는 디지털 환경에서 발생하는 모든 폭력에서 보호받아야 해요. 아동 매매, 성폭력, 사이버 폭력을 비롯한 모든 위험으로부터 국가는 어린이를 보호하고 적절한 도움을 주기 위해 정책과 법을 마련해야 해요.

◆ 사이버 폭력이 뭔지 아니? ◆

스마트폰을 사용하는 어린이가 늘면서 온라인 공간에서 벌어지는 **사이버 폭력**도 늘고 있어. 전체 초등학생 중 약 30퍼센트가 사이버 폭력을 당한 경험이 있다고 하니, 온라인에서 벌어지는 학교 폭력이 얼마나 심각한지 알 거야.

장화와 홍련이 당한 것처럼 단체 대화방에 초대해 욕설을 퍼붓거나 대화방을 나갔는데도 계속 초대하는 것은 상대방을 괴롭히는 사이버 폭력에 해당해. 또 대화방에서 일부러 다 같이 한 사람을 무시한다거나 그 사람이 없는 대화방에서 험담하는 것, 한 사람만 두고 모두 대화방에서 나가 버리는 것 모두 사이버 폭력이야.

장난이랍시고 대화방에서 친구 사진을 올리고 놀리는 일도 쉽게 일어나는데, 이와 같은 일을 당하는 사람의 입장에서도 생각해 보렴. 동의하지 않은 상대방 입장에서는 무척 수치스럽고 괴로울 수 있어. 이런 일들은 직접 신체를 때리는 것이 아니어도 모두 사이버 폭력에 해당해.

사이버 폭력을 당해서도, 해서도 안 돼!

사이버 폭력을 당한 사람은 회복하는 데 시간이 오래 걸려. 언제 어디서나 같은 일을 겪을 수 있다는 생각 때문에 힘들거든. 피해를 겪은 학생 중 일부는 실제로 괴로운 나머지 죽음까지 생각하기도 해. 만약 다른 사람이 친구를 괴롭히는 일을 봤다면 가만히 보기만 하지 말고 주변에 알리자. 곁에서 보기만 하는 건 괴롭히는 사람과 똑같아지는 거야. 학교 폭력과 마찬가지로 사이버 폭력의 대상은 언제든지 내가 될 수 있다는 걸 명심해.

   그런데 내가 아는 친구 외에, 유명인이나 인터넷에서 만난 이름 모르는 사람을 욕하거나 비난하는 것도 사이버 폭력이란 사실을 알고 있니? 온라인에서 내가 하는 말과 무심코 남긴 댓글이 누군가를 괴롭힐 수 있다는 걸 깨달아야 해. 현실에서처럼 온라인에서도 상대방을 존중하고 예의를 차려서 말하는 태도를 갖추자.

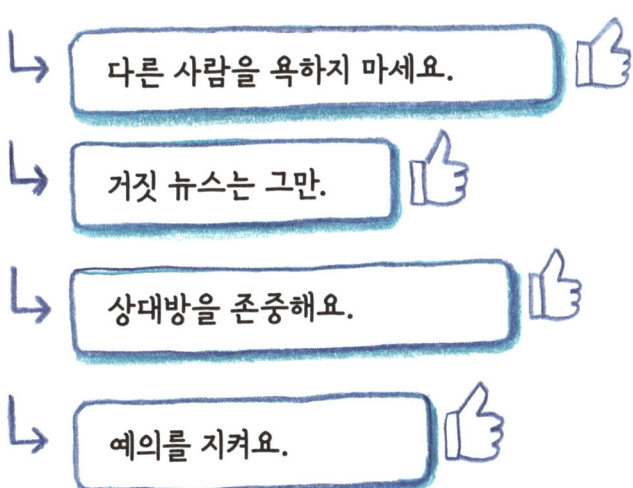

인권을 지키는 디지털 시민의 약속

◆ 온라인에서 지켜야 할 기본 예의에는 무엇이 있을까?

- ☑ 다른 사람의 명예를 해치는 내용은 쓰면 안 돼.
- ☑ 정확하지 않은 내용을 올리거나 퍼뜨리지 마.
- ☑ 욕설과 속어, 은어를 쓰지 말자. 다른 사람이 불쾌할 수 있어.
- ☑ 다른 사람의 사생활을 함부로 공개하거나 퍼뜨리지 말자.

메신저에서 대화를 나눌 때

- ◆ 친구와 만나서 대화할 때처럼 서로 존중하자.
  온라인 메시지에는 표정과 말투가 드러나지 않기 때문에 더 조심해야 해.
- ◆ 대화에 너무 많이 신경 쓰지 마.
  답장이 바로 오지 않아도 상대방이 메시지를 보는 시간이 나와 맞지 않아서 그럴 수 있어.

- 다른 사람에게 받은 메시지는 함부로 공유하지 말자. 그 과정에서 다른 사람의 개인 정보를 유출할 수 있어. 또 나한테만 말한 것일 수 있으니 비밀을 퍼트렸다고 오해를 살 수 있어.
- 아주 중요한 연락이 아니라면 너무 이르거나 늦은 시간에 메시지를 보내지 말자.
- 단체 대화방에서는 누구나 알 수 있는 표현을 쓰고, 모르는 사람이 있다면 알려 줘.
- 단체 대화방에 공지 사항이 있다면 확인 후 답장해서 읽었다는 사실을 알려 줘.

온라인 수업에 참여할 때

- 선생님이나 친구의 얼굴을 캡처하거나 촬영해서 공유하면 안 돼.
- 강의 중에 선생님이 사용하는 자료는 허락 없이 캡처해서 공유하면 안 돼.
- 마이크는 필요할 때만 켜서 불필요한 소음으로 수업을 방해하는 일이 없게 하자.
- 수업 중 채팅은 꼭 필요할 때만 해서 수업을 방해하지 말자.

온라인에서 나 또는 다른 사람이 괴롭힘을 당했다면?

- ☑ 사이버 폭력에 대처할 때는 폭력 증거를 캡처하고 믿을 만한 친구나 어른에게 알리자.
- ☑ 사이버 폭력을 당하는 나에게는 잘못이 없다는 걸 기억하자.
- ☑ 학교 폭력 신고 전화 117에 신고하자.

5장

행복한 왕자의
마지막 부탁

제비는 산 너머 마을에 간 김에 행복한 왕자를 만났어요. 오랜만에 행복한 왕자를 만난 제비는 왕자의 단단한 어깨 위에 앉아 그동안 무슨 일을 했는지, 어쩌다 이 근처까지 왔는지 조잘조잘 떠들었어요.

"왕자님, 세상 참 흉흉하죠? 스마트폰이 없고, 인터넷이 안 되었으면 이런 일들이 안 생겼을까요?"

마을이 훤히 내려다보이는 언덕 위에 선 행복한 왕자는 빙그레 웃으며 대답했어요.

"기술이 무슨 탓이겠어. 그걸 이용하는 사람들 탓이지. 게다가 아예 기술을 누리지 못하는 사람들도 있어. 아이들도 마찬가지야."

제비는 웃으면서 말했어요.

"에이. 요즘 컴퓨터가 없는 집이 어디 있어요. 저랑 같이 일하는 고양이 탐정님처럼 컴퓨터를 싫어하는 사람 빼고는 다 컴퓨터를 쓸걸요?"

행복한 왕자는 슬픈 눈으로 제비를 보았어요.

"제비 네 말대로 그렇다면 좋을 텐데……"

제비는 알쏭달쏭한 표정을 지으며 행복한 왕자를 쳐다보았어요. 그런 제비에게 왕자가 말했지요.

"제비야. 나는 동상이라 움직일 수 없으니, 네가 대신 보고 오지 않을래? 언덕 아래 강 윗마을에 갔다가 강 아랫마을까지 보고 오렴.

요즘 아이들이 어떻게 지내는지 알고 싶구나. 마침 내일이 일요일이라 아이들이 집에 많이 있을 거야."

　제비는 행복한 왕자에게 고개를 끄덕여 보였어요. 자신을 살려 줬던 행복한 왕자가 바라는 것이라면 무엇이든 해 줄 수 있었지요. 예전에 이곳에 왔다가 남쪽으로 돌아갈 시기를 놓쳤을 때, 행복한 왕자 곁에서 추위를 난 적 있거든요. 만약 행복한 왕자가 아니었다면 추운 겨울에 살아남지 못했을 거예요.

다음 날, 제비는 아침 일찍 훨훨 날아 강 윗동네로 갔어요. 세모난 지붕에 벽돌 색이 알록달록한 집들이 예쁜 마을이었지요. 해가 뜨며 마을을 비추니 더욱 아름다웠어요. 제비가 지지배배 노래하자 사람들이 반가워했어요.

"어머. 제비네. 벌써 봄인가 봐. 귀여워라."

제비는 멋지게 마을 위를 빙빙 돌다가 아이들 목소리가 들리는 집의 창가에 내려앉았어요.

"얍, 얍! 아, 또 졌어."

"이번엔 내가 이겼다!"

아이들은 스마트폰에서 눈을 떼지 않았어요. 혼자 게임만 하는 아이도 있고, 키득대며 채팅을 하는 아이도 있었어요.

제비는 한참 날아갔어요. 마을과 외딴곳에 떨어진 높은 성이 보였어요. 지붕이 파랗고 창문이 넓은 집이었어요. 창 밖에서 보니 아이 방 안에 책이 가득했지요. 머리가 아주

긴 소녀가 책상 앞에 앉아 컴퓨터를 보며 수업을 들었어요. 컴퓨터 모니터에 남자 선생님이 보였지요.

"그래, 라푼젤. 이번엔 라푼젤이 읽어 볼까?"

머리가 긴 소녀의 이름은 라푼젤이었어요. 라푼젤은 헤드폰을 끼고 컴퓨터 화면을 보며 화면에 보이는 글을 읽었어요. 발표를 하거나 선생님이 말하는 내용을 열심히 공책에 받아 적기도 했지요.

드디어 수업을 마친 소녀가 창가에 앉은 제비를 발견했어요.

"어? 제비다! 안녕?"

제비가 대답했어요.

"안녕, 라푼젤? 네 이름은 아까 들었어. 넌 참 공부를 열심히 하는구나."

라푼젤이 부끄러워하며 말했어요.

"아, 그게. 우리 집이 학교랑 너무 멀어서, 난 주로 온라인으로 수업을 들어."

"온라인 수업? 그게 뭔데?"

"응. 인터넷 수업이라고도 하는데, 직접 만나지 않고 인터넷으로 만나서 수업하는 거야. 예전에 우리 마을에 전염병이 유행할 때는 온라인 개학도 했어. 그때는 모두 학교에 가지 않았지."

"집에서 수업을 들으니 편했겠다."

"응, 하지만 난 학교에서 친구들과 만나는 게 더 좋아."

제비는 고개를 끄덕였어요. 제비가 떠나려고 고개를 돌려 먼 하늘을 보자, 라푼젤이 아쉬워하며 말을 걸었어요.

"혹시 괜찮으면 더 있다가 가지 않을래? 우리 집에 신기한 거 많거든. 나랑 같이 룰루랄라 패드로 그림도 그리고, 사진도 찍자!"

라푼젤은 제비에게 책상 위에 있던 물건을 보여 주었어요. 책처럼 넓적하고 얇은 물체는 햇빛을 받고 반짝 빛났죠. 제비는 처음 보는 패드에 눈이 빙글빙글 돌아가는 것 같았어요. 그 작은 걸로 텔레비전처럼 영화도 보고 게임도 하고 사진도 찍고, 심지어 책도 볼 수 있었어요. 제비는 시간 가는 줄 모르고 한참 동안 라푼젤과 룰루랄라 패드를 갖고 놀았어요.

"앗, 벌써 시간이 이렇게 흘렀구나. 난 저쪽 강 건너 아랫마을에 가야 해서. 이만 갈게."

"그래, 아쉽지만 조심해서 잘가! 다음에 또 놀러 와!"

제비는 행복한 왕자의 부탁을 떠올리며 라푼젤과 헤어졌어요.

제비가 강 건너 아랫마을에 도착했을 때는 벌써 해가 진 후였어요. 아이들이 사는 집을 찾으려 마을 위를 한 바퀴 휘 돌아보니, 거리에는 사람이 별로 없었어요. 아직 초봄이라 금방 추워진 탓이었어요. 그런데 제비 눈에 한 소녀가 눈에 띄었어요. 이제 막 불이 켜진 가로등 아래 선 소녀는 폐지가 담긴 리어카를 세워 둔 채 쉬고 있었어요. 제비는 소녀를 보고 깜짝 놀라, 소녀 옆에 있는 나무에 앉아 말을 걸었어요.

"얘. 너 여기서 뭐 해? 추운데 집에 안 들어가고."

소녀는 추위에 떨면서도 제비를 보며 반가워했어요.

"넌 무슨 새니? 얼굴 가운데가 붉은색인 게 참 예쁘다.

와, 꼬리는 브이(V) 자 모양이네. 멋있어."

제비는 소녀 말에 얼굴이 붉어졌어요. 쑥스러운 걸 참으며 말했지요.

"넌 이름이 뭐야? 집에 가는 길을 잃어버린 거면 경찰한테 데려다줄게."

그러자 소녀가 고개를 가로저으며 슬프게 말했어요.

"나는 성냥팔이 소녀야. 우리 집은 가난해서 아빠랑 같이 성냥을 팔러 다니곤 했어. 그런데 요즘에는 사람들이 성냥을 쓰지 않아서 폐지를 주우러 다녀. 오늘은 아빠가 아파서 나 혼자 나왔어."

제비는 깜짝 놀랐지만 성냥팔이 소녀의 마음이 다치지 않게 말했어요.

"그렇구나. 내가 폐지 모으는 걸 도와줄게. 더 어두워지기 전에 얼른 집에 가자."

제비는 마을을 한 바퀴 둘러보았어요. 얼른 폐지를 찾아 성냥팔이 소녀를 도와주고 싶었지요. 하지만 날이 어두워 잘 보이지 않았어요.

"어떡하지. 도와주지 못해서."

"괜찮아. 집에 아직 먹을 게 있으니까. 너도 같이 갈래? 추워 보여."

제비는 성냥팔이 소녀 집으로 가서 몸을 녹였어요. 방에는 아무것도 없었지요. 라푼젤 방에 있던 책이나, 컴퓨터, 책상 모두 보이지 않았어요. 이불 하나와 텔레비전 하나만 덩그러니 놓여 있었죠. 성냥팔이 소녀는 방에 들어가자마자 텔레비전을 켰어요. 방바닥에 앉아 벽에 기대어 이불을 덮는 성냥팔이 소녀에게 제비가 물었어요.

"공부는 어떻게 해? 내일 월요일인데, 숙제는 다 했어?"

제비는 방에 아무것도 없이 소녀가 어떻게 공부하는지 궁금했어요. 그러자 성냥팔이 소녀가 눈물을 글썽였어요.

"그게……. 나는 숙제를 못 해. 할 수가 없어. 책 살 돈도 가방 살 돈도 없는걸. 간신히 이웃들이 도와줘서 학교에 가는 거야."

성냥팔이 소녀가 계속해서 말했지요.

"내일은 수업을 온라인으로 한다는데, 어떻게 해야 할지 모르겠어. 집에 컴퓨터가 없는 걸 선생님한테 어떻게 말하지? 친구들한테도 들키고 싶지 않은데……."

제비는 행복한 왕자에게 자기가 했던 말이 떠올랐어요. 요즘 컴퓨터가 없는 집이 어디 있냐고 말했던 게 너무 부끄러웠어요.

"그랬구나……. 내가 방법을 알아볼게. 조금만 기다려."

    제비는 그날 밤 한 번도 쉬지 않고 날았어요. 행복한 왕자에게 가서 오늘 본 것을 말하려고, 열심히 날갯짓을 했어요. 점점 동이 트면서 저 멀리 언덕 위에 행복한 왕자가 우뚝 서 있는 모습이 보였어요. 마침내 왕자 어깨에 내려앉은 제비가 말했죠.

    "왕자님! 왕자님 말이 맞았어요. 편리한 기술을 자유롭게 활용하는 아이도 있었지만 컴퓨터 같은 기기가 없어서 아예 쓰지 못하는 아이도 있었어요. 격차가 너무 커서 어떡하죠?"

    제비가 다급하게 자기가 보고 온 것을 설명했어요. 당장 성냥팔이 소녀에게 도움이 필요하다는 것도요. 이야기를 다 들은 행복한 왕자가 말했지요.

    "그래. 그럴 것 같았어. 내가 살아 있을 때에도 세상에는 잘 먹고 잘사는 집이 있는 반면, 가난해서 병을 치료하지 못하는 집도 있었어. 내가 궁전에서 호화롭게 파티를 열고

따뜻한 음식을 먹고 잘 때, 궁전 밖에서는 끼니를 때울 죽조차 없어서 굶어 죽는 사람이 많았지. 나는 그걸 죽고 나서야 깨달았지만."

행복한 왕자가 서글픈 목소리로 잘못을 뉘우치며 말했어요.

"제비야. 이제 때가 된 것 같아. 내 몸에 있는 보석들이 보이니? 사람들은 나를 기려 내 몸을 순금으로 덮고, 내 검의 손잡이를 루비로 장식하고, 내 두 눈에는 에메랄드를 넣었어. 이 보석들을 모두 떼어 성냥팔이 소녀 같은 아이들을 도와주렴."

제비는 무척 놀랐어요. 행복한 왕자가 이런 부탁을 할 줄은 생각지도 못했으니까요.

"네? 제가 어떻게 그런 일을 하겠어요. 제가 왕자님 몸에서 보석을 모두 떼어 내면, 사람들은 왕자님을 찾지 않을 거예요. 그런 외로움을 어떻게 견딜 수 있겠어요. 제가 여기를 떠나면 이곳에 자주 오지 못할 거라고요."

그러자 행복한 왕자가 간절히 말했어요.

"괜찮아. 이미 죽은 몸인걸. 살아서는 아이들에게 신경 쓸 틈도 없이 방탕하게 살았지만, 이제라도 아이들을 도울 수 있다면 그깟 외로움쯤이야. 제비야, 도와주지 않을래? 마지막 부탁이야. 내 보석들을 팔아서 아이들을 도와주렴. 아이들은 세상의 희망이야. 소외된 아이들을 방치해서는 안 돼."

제비는 어쩔 수 없이 고개를 끄덕였어요. 눈물을 삼키며 행복한 왕자가 쥔 검의 손잡이에서 루비를 떼어 냈어요. 곧이어 왕자의 부탁대로 몸을 덮은 순금과, 두 눈에 박힌 에메랄드를 떼어 낼 생각을 하니, 눈물이 차올랐어요.

"왕자님의 루비로 성냥팔이 소녀를 도울게요. 그리고 또 다른 방법이 없는지 알아볼게요. 할 수 있는 한 왕자님의 몸은 꼭 지키고 싶어요."

제비는 루비를 움켜쥐고 힘껏 날아올랐어요. 어서 가서 성냥팔이

소녀를 구하고, 행복한 왕자를
살릴 방법을 생각해 내야
했어요. 왕자의 소원대로
다른 소외된 어린이들을
도울 수 있는 방법까지 알아
내야 했죠.

행복한 왕자가 알려 주는 어린이 인권

어린이는 디지털 환경에서 차별받지 않을 권리가 있어요. 학교와 가정에서 디지털 기기를 안전하게 사용할 수 있어야 하며, 관련 지식을 쉽게 배울 수 있어야 해요. 어린이는 교육받을 권리가 있고, 책, 인터넷, 텔레비전 등 다양한 출처에서 정보를 얻을 권리가 있어요.

◆ 디지털 기술이 발전하면서 삶이 더 편리해졌어 ◆

디지털 기술은 어디까지 발달했을까? 최근에는 이용자가 하는 질문에 따라 대답하며 요청하는 대로 글까지 쓰는 챗 지피티(Chat-GPT)에 이어서, 이용자가 원하는 그림과 음악 등을 만드는 생성형 인공 지능(AI)도 생겼어.

    디지털 기술이 발전하면서 좋은 점은 폭넓은 정보에 쉽게 접근할 수 있다는 거야. 클릭 몇 번이면 내가 원하는 정보와 세계 여러 곳에서 실시간으로 일어나는 일을 알 수 있지. 어른과 마찬가지로 어린이들도 온라인에서 자기 삶과 깊이 연결된 정보를 쉽게 찾을 수 있어.

　어린이들은 인터넷에서 공부에 필요한 자료도 많이 얻을 수 있어. 책으로는 알기 어려운 내용도 강의 영상으로 쉽게 보여 주고 가르쳐 주거든. 학교 선생님을 비롯한 전문가들이 올려놓은 학습 자료를 무료로 이용할 수 있지. 또 컴퓨터 같은 디지털 기기를 활용하면 학교가 너무 먼 어린이나 이동에 어려움을 겪는 장애 아동도 멀리 떨어져 있는 친구나 선생님과 인터넷을 이용해서 실시간으로 이야기하고 만날 수 있어.

디지털 기술을 누구나 손쉽게 이용할 수 없어

하지만 디지털 환경이 갖추어져 있지 않은 곳에서는 디지털 기술의 장점을 누릴 수 없어. 유니세프 조사에 따르면 전 세계 어린이 약 3억 4천6백만 명이 인터넷에 접근하기 어렵다고 해.

전 세계 어린이 중 1/3이 디지털 기술의 혜택을 누리지 못하는 거야. 이 현상은 특히 저소득 국가에서 두드러졌어. 아이들은 지식과 기술,

교육이 부족하다고 답했지. 저소득 국가에서는 성별에 따른 격차도 커. 남자아이에게는 핸드폰을 주지만, 여자아이는 인터넷도 이용하지 못하게 하는 거야. 그 외에 장애가 있는 어린이들은 인터넷 정보가 음성이나 자막, 수어 지원이 잘되지 않기 때문에 인터넷을 이용하기가 어려워. 또 웹사이트에서 자기 나라 언어를 지원하지 않아 정보에 접근하기 어려운 아이들도 있어.

디지털 격차를 줄여야 해!

2020년 코로나19가 유행했을 때는 많은 아이들이 학교에 가지 못하면서, 디지털 격차가 더욱 심해졌어. 인터넷 환경을 갖추지 못한 아이들이 원격 수업을 이용하지 못했거든. 디지털 기술에서 소외된 아이들은 정보를 찾기 어렵고, 새로운 소식을 빨리 얻을 수 없어. 소셜 네트워크 서비스(SNS)로 자신을 표현하거나 다른 친구를 사귈 기회도 적어. 디지털 기술에 접근하고 이용할 수 있는 능력이 어린이의 삶에 큰 영향을 미치는 거야. 심지어 건강에도 큰 영향을 끼친다는 사실이 최근 연구 결과에서 밝혀졌어.

해당 연구에서는 디지털 환경에 소외된 어린이들에게 온라인에서 접하는 건강 정보가 옳은지 아닌지, 정보 수준이 신뢰할 만한지 아닌지 판단할 수 있는 능력을 조사했어. 스스로 자신에게 필요한 건강 정보를 찾아 자기 건강에 이롭게 활용할 수 있는지 점검한 거야. 그런데 조사 결과에 따르면 약 60퍼센트가 넘는 아이들이 잘 모르겠다고 답했어. 온라인에서 건강 정보를 찾고 다루는 데 어려움을 느끼는 아이들은 실제로 건강에 해로운 패스트푸드를 먹는 비율이 높았지. 만약 이렇게 계속 온라인에서 건강 정보를 파악하는 능력을 갖추지 못한 채 크면 어떻게 될까? 건강한 습관을 알지 못해 몸이 약해지고, 자주 아픈 어른이 될지도 몰라.

디지털 기술을 이용해 정보를 잘 다룰 줄 아는 어린이가 커서 더 나은 삶을 누린다는 연구 결과는 직업이나 소득뿐만 아니라 건강에도 해당하는 거야.

이 때문에 정부와 지자체, 관련 기관에서는 소외받는 아이들이 없도록 무료로 디지털 학습기기를 제공하고 디지털 문해력 교육을 하는 등 여러 노력을 기울여. 하지만 디지털 기술의 발달 속도에 비해 나라에서 지원하는 정책은 아직 부족해. 하지만 이러한 정책의 필요성을 말하는 목소리가 많아진다면 어린이들이 더 나은 삶을 살 수 있고, 디지털 격차도 줄어들 거야.

인권을 지키는 디지털 시민의 약속

◆ '디지털 격차'란 무엇일까?

디지털 기술을 잘 활용하는 사람과 디지털 기술을 이용하지 못하는 사람 사이에 격차가 커지는 것을 **디지털 격차**라고 해. 요즘에는 계층, 성별, 세대, 국가 사이에도 디지털 격차가 벌어져 문제가 되고 있어. 디지털 환경에서 차별받거나 배제되는 사람이 늘어나 사회 불평등을 초래할 수 있거든.

보통 사회적 약자가 디지털 환경에서도 배제되는데, 최근 카페와 병원 등을 중심으로 늘어가는 키오스크(kiosk)가 노인이 사용하기 불편하기 어려운 화면 배치와 사용법으로 비판받고 있어. 이에 각 지자체에서는 노인을 위한 교육 프로그램을 운영하고, 접근성을 높이는 방법을 연구하고 있어.

이 밖에도 정부에서는 디지털 격차로 인한 사회 불평등을 해소하고 누구에게나 평등한 디지털 환경을 만들기 위해 디지털 포용 정책을 펴고 있어.

◆ 디지털 격차를 줄이기 위해 내가 할 수 있는 노력은?

정부가 어린이를 위해 디지털 포용 정책을 펴는지 관심을 가져 봐. 디지털 기기를 많은 어린이가 무료로 사용할 수 있게 나눠 주거나, 학교나 다른 별도의 공공장소에서 인터넷 사용 공간을 만들어 달라고 어린이도 목소리를 낼 수 있어. 기기를 갖는 것보다 더 중요한 디지털 문해력 교육을 해 달라고 학교에 요청할 수도 있지. 어린이는 자기 의견을 표현할 권리가 있거든. 어린이 입장에서 필요한 것을 말하는 자세는 참 중요해. 어른들이 생각하지 못하는 걸 발견하고 말할 수 있으니까.

디지털 기기에 많이 노출되는 것은 괜찮을까?

스마트폰이나 인터넷, 휴대용 전자 패드로 할 수 있는 것은 정말 무궁무진해. 게임도 할 수 있고 그림을 그릴 수도 있고 여러 가지 영상을 보거나 공부를 할 수도 있으니까. 그렇다 보니 디지털 기기를 쓸 때 아무런 제한도 받지 않으면 스스로 자제하지 못하는 경우도 생겨. 더 나아가 디지털 기기에 너무 익숙해진 나머지 그것만으로도 충분히 즐겁다고 생각해서 실제 친구를 사귀거나 다른 사람과 소통하는 데 어려움을 겪기도 해.

어린이는 특히 두뇌가 계속 성장하기 때문에 디지털 기기와 디지털 콘텐츠에 영향을 많이 받아. 디지털 기기를 너무 많이 쓰면 불안감이나 우울감이 커지기도 하고, 잠에 깊이 들지 못해 몸이 제때 성장하는 데 영향을 받기도 하지. 이러한 점 때문에 어린이는 디지털 기기를 사용할 때 부모님의 지도를 받을 필요가 있어. 하지만 어린이 스스로 자제할 수 있다고 생각한다면 부모님께 믿고 지켜 봐 달라고 말할 수 있지.

6장

오늘의 초대 손님, 피터 팬

서늘한 새벽바람이 제비의 날개에 스쳤어요. 제비는 루비를 움켜쥐고 바로 성냥팔이 소녀에게 가려다가 방향을 바꾸었어요. 그냥 루비를 가져다주는 건 소용없겠다는 생각이 들었거든요.

'성냥팔이 소녀가 루비를 팔아 책과 컴퓨터를 산다고 해도, 소녀가 컴퓨터를 쓸 줄은 알까? 형편이 나아져야 교육을 받을 수 있을 텐데……'

하지만 제비가 아무리 생각해 봐도 좋은 해결책이 떠오르지 않았어요. 결국 제비는 고양이 탐정이 있는 사무소로 날아갔어요.

'탐정님이라면 좋은 해결책을 이야기해 줄 거야!'

제비는 오래 비행한 터라 지쳤지만, 성냥팔이 소녀와 행복한 왕자를 떠올리며 계속해서 날았어요. 물을 먹으러 잠시 쉴 때 빼고는 잠시도 날갯짓을 멈추지 않았어요.

마침내 제비가 사무소에 도착했을 때, 고양이 탐정은 퇴근할 준비를 하고 있었어요. 제비는 기운이 다 빠져서 고양이 탐정 책상 위에 그대로 쓰러졌어요. 동시에 루비를 움켜

쥐었던 다리에도 힘이 풀렸어요. 루비는 떼구루루 굴러 책상에 놓인 찻잔에 부딪혔지요.

"탐정님, 저 좀 도와주세요. 고양이 탐정님의 도움이 필요해요……."

제비는 가쁜 숨을 몰아쉬며 그대로 정신을 잃었어요. 하려던 말은 채 하지도 못했지요. 며칠 밤낮을 너무 열심히 날아다닌 탓이었어요.

"아니! 이게 무슨 일이람?"

고양이 탐정은 깜짝 놀랐어요. 얼른 제비 주둥이 앞에 손을 갖다 대고 숨 쉬는지 확인했어요. 다행히 제비는 살아 있었지요. 고양이 탐정은 밤새 휴게실 한편에 담요를 깔아 두고 난로를 피우며 제비를 보살폈어요. 의사도 다녀갔지요.

새벽 무렵 마침내 제비가 눈을 떴을 때는 고양이 탐정이 물에 적신 수건을 갈아 주던 참이었어요. 제비는 정신을 차리자마자 행복한 왕자의 부탁을 얘기하려 했어요.

"탐정님, 제가 행복한 왕자를 만났는데요……."

고양이 탐정이 제비의 말을 자르고 말했어요.

"그래. 행복한 왕자를 만나러 간다고 했지. 그리고 행복한 왕자가 어떤 부탁을 한 거지? 검의 손잡이에 있던 루비를 주면서, 분명 누구를 도와달라고 했을 거야. 약하지만 소중한 존재를 말이지."

제비는 깜짝 놀랐어요.

"그걸 어떻게 아셨죠? 역시 고양이 탐정님은 대단해요!"

고양이 탐정은 새침한 미소를 짓고는 루비를 보여 주며 말했어요.

"이렇게 진귀한 루비는 세상에 단 하나뿐이야. 행복한 왕자의 아름다움을 기려 동상을 장식했던 루비. 이걸 가지고 그렇게 힘들게 나를 찾아오다니. 뻔한 것 아니겠나? 자, 이제 어서 내가 뭘 도와주면 되는지 말해 보게."

제비는 강 윗마을에서 만났던 성냥팔이 소녀 이야기부터 행복한 왕자의 마지막 부탁까지 모두 이야기했어요. 어떻게 하면 행복한 왕자의 몸에 상처를 입히지 않고, 성냥팔이 소녀를 비롯해 소외된 아이들을 어떻게 도와줄 수 있을지 물었지요.

제비의 이야기를 듣는 내내 고양이 탐정은 계속해서 낮게 그르렁거렸어요. 마치 목구멍 깊은 곳에서 올라오는 화를 참는 듯했죠. 마침내 제비 얘기가 끝났을 때, 고양이 탐정이 주먹을 쥔 손으로 다른 손바닥을 탁 치며 말했어요.

"내가 아는 아주 신기한 아이가 있어. 그 아이는 절대 나이를 먹지 않지. 그리고 아이들 일이라면 두 손 두 발 벗고 나선다네. 그 친구라면, 분명 이 문제를 해결해 줄 수 있을 거야."

고양이 탐정은 사무실 전화기로 어디론가 전화하며 말했어요.

"제비 조수, 지금 자네가 해야 할 건 충분히 휴식해서 빨리 낫는 것뿐이네. 푹 자게."

제비는 고양이 탐정 말에 마음이 놓였어요. 스르르 눈이 감겼지요. 잠에 빠지는 제비에게 고양이 탐정의 말소리가 아득히 들렸어요.

"어, 그래. 잘 지냈나, 영원한 어린이의 친구?"

제비는 병원으로 옮겨져 일주일 동안 요양했어요. 병원에서 제비는 활짝 웃는 성냥팔이 소녀의 꿈을 꿨어요.

"제비야, 이제 걱정 없이 공부할 수 있어. 네 덕분이야."

잠에서 깬 제비는 행복해질 성냥팔이 소녀를 떠올리며 빙그레 웃음 지었어요.

마침 제비를 걱정하던 고양이 탐정이 병문안을 왔어요.

"탐정님, 어서 오세요!"

"몸은 좀 괜찮아졌는가?"

누워 있던 제비는 몸을 세우며 말했어요.

"그럼요. 많이 나아졌어요."

"정말 다행이군. 아, 보여 줄 영상이 있어."

고양이 탐정은 자리에 앉아 제비에게 스마트폰으로 할머니 아나운서가 전하는 뉴스를 보여 줬어요. 초대 손님으로 피터 팬이 나왔지요.

"아, 탐정님이 전화를 건 친구가 피터 팬이었군요!"

고양이 탐정은 빙긋 웃었어요.

"놀라기엔 일러. 더 보게나."

"'어린이 인권 지킴 활동'에 앞장서는 피터 팬을 〈옛날옛적 뉴스〉에 모셨습니다. 반갑습니다. 얼마 전에 훈훈한 소식을 들었는데, 성냥팔이 소녀를 도왔다고요?"

제비는 '성냥팔이 소녀'라는 이야기에 귀가 번쩍 뜨였어요.

"저는 성냥팔이 소녀를 도왔다기보다는 당연히 누려야 할 권리를 찾아 준 것뿐입니다. 모든 어린이들은 교육받을 권리가 있으니까요. 특히 요즘처럼 디지털 기술이 발달한 때에는 누구나 디지털 환경에 평등하고 쉽게 접근할 수 있도록 해야 합니다."

"그렇군요. 디지털 시대를 살아가는 어린이들에게 중요한 권리는 또 무엇이 있을까요?"

"최근 제가 '어인스'에 참여하는 어린이들에게 더욱 강조하는 것은 '자신의 의견을 표현하고 생각을 주고받을 권리'입니다. 성별, 장애, 나이에 상관없이 의견을 표현하고 모임에 참여할 수 있는 권리가 우리 어인스의 바탕이 되는 정신이니까요. 그래야만 디지털 환경도 어린이들에게 맞추어 더욱 안전하게 개선될 수 있고요."

"아, 어인스는 '어린이 인권 스카우트'를 말하는 것인가요? 시청자 분들 중에서는 모르는 분들이 있을 것 같아요."

"네, 맞습니다. 어인스는 어린이들이 스스로 인권을 지키고, 다른 사람의 인권도 지켜 주는 어린이 인권 스카우트입니다. 어린이는 어리고, 약하고, 보호받아야 할 존재라는 점을 이유로 어린이의 인권이 무시당하는 경우가 많은데, 어린이들 스스로 자신의 권리가 무엇인지 잘 알면 자신의 인권을 지키고 다른 사람의 인권도 존중하는 사람으로 자라날 거라고 믿습니다."

"얼마 전에 행복한 왕자가 보석들을 기부해서 어인스 활동을 지지해 준 것으로 알고 있습니다만."

"맞습니다. 행복한 왕자가 꼭 자기 보석들을 떼어서 어린이 디지털 교육 사업에 써 달라고 했습니다. 어떤 아이도 소외되지 않도록 말이지요."

제비는 행복한 왕자의 모습이 생각났어요. 그러고는 너무나도 슬픈 목소리로 말했어요.

"행복한 왕자의 아름다운 모습을 끝까지 지켜 주고 싶었는데……."

"행복한 왕자가 어떻게 변했는지 모르는군."

고양이 탐정이 제비를 보며 말했어요.

"네?"

"계속 뉴스를 보게나."

할머니 아나운서가 말했어요.

"어린이들의 인권을 지키는 피터 팬의 활동이 디지털 시대에 더욱 빛을 발하길 바라겠습니다. 시청자 여러분도 어린이 인권 스카우트에 적극적인 참여와 지지를 보내 주시길 부탁드립니다."

"어린이 인권 스카우트라니, 대단해요."

제비는 피터 팬이 벌이는 활동에 감격했어요.

"마지막으로, 새롭게 변신한 행복한 왕자의 모습을 영상으로 만나면서 이번 인터뷰 마무리하겠습니다. 이제 행복한 왕자의 화려한 모습보다는, 고운 마음씨를 떠올리며 동상을 찾아가 보는 건 어떨까요?"

웅장한 음악과 함께 화면이 전환되며 행복한 왕자의 모습이 나타났어요. 행복한 왕자의 몸을 덮었던 순금도, 두 눈을 밝혔던 에메랄드도, 검의 손잡이에 있던 루비도 모두 사라졌지만 행복한 왕자는 더욱 용감하고 행복해 보였어요. 사람들이 왕자의 두 눈에 번개가 쳐도 부서지지 않는 투명한 유리알을 끼워 주었고, 녹슬지 않는 페인트로 색을 새로 칠해 주었으니까요. 이전에는 어깨에 없던 알록달록한 망토도 눈에 띄었죠. 기쁨으로 가득 찬 제비가 고양이 탐정에게 말했어요.

"왕자님은 이제 외롭지 않을 거예요. 많은 아이들이 왕자님을 기억할 테니까요. 고양이 탐정님, 고맙습니다."

"제비 조수와 피터 팬, 그리고 다른 많은 사람들이 도와준 덕분이네. 이제 시작이야."

"그래서 말인데요, 탐정님."

"응?"

제비가 고양이 탐정에게 다부진 목소리로 말했어요. 제비의 눈빛이 반짝거렸어요.

"저도 어린이 인권 스카우트에서 일하고 싶어요. 어린이들 목소리를 직접 들으러 다니고 싶어요. 아이들이 더 안전하고 행복하게 살 수 있는 옛날옛적 나라가 될 수 있도록, 나라 정책에 아이들의 의견이 반영되도록 하고 싶어요. 어린이의, 어린이에 의한, 어린이를 위한 옛날옛적 나라를 만들 거예요."

고양이 탐정은 가만히 제비와 눈을 들여다보았어요. 그러고는 고개를 끄덕였지요.

"자네가 원하는 게 내가 원하는 바지."

그 후 제비는 몸을 회복해 퇴원할 때까지 일주일이 더 걸렸어요. 퇴원하고 난 뒤에는 어린이 인권 스카우트 센터에 직접 가서 일하고 싶다고 말했지요. 센터에서는 제비가 왜 어린이 인권을 지키고 싶어 하는지, 그동안 제비가 라푼젤과 성냥팔이 소녀를 만나며 무엇을 느꼈는지 듣고 제비를 채용하기로 결정했어요.

제비가 처음 맡은 일은 온라인 홍보 기자였어요. 홈페이지, 블로그, 소셜 네트워크 서비스(SNS)에 어린이 인권 스카우트의 일을 소개하고 알리는 거예요.

이 소식을 전하자 고양이 탐정은 무척 기뻐하며 축하해 주었어요.

"감사합니다! 어린이들이 더 나은 세상에서 살 수 있도록 노력할게요!"

"자넨 잘할 거야. 여기 일은 걱정 말게!"

몇 달 후, 장화 신은 고양이 탐정 사무실에는 이제 제비 조수가 보이지 않았어요. 대신 고양이 탐정은 아침마다 제비가 쓰는 블로그를 읽으며 제비의 안부를 확인했지요.

어린이 인권 스카우트의 111번째 새로운 소식!

"마을마다 디지털 자유 센터 설립! 디지털 교육의 길이 열렸다!"

그동안 어인스에서는 언어 장벽 혹은 장애로 디지털 기술 이용에 어려움을 겪는 어린이들을 위해 교육을 실시해 달라고 나라에 요청해 왔어요. 그 결과 옛날옛적 나라에서는 마을마다 디지털 자유 센터를 설립해 디지털 교육을 실시하기로 했습니다!

디지털 자유 센터에서는 누구나 무료로 다양한 기기 사용법을 익힐 수 있어요. 다문화 어린이 혹은 장애가 있는 어린이들도 맞춤 교육을 받을 수 있습니다. 또 온라인에서 가짜 정보를 분별하고 디지털 정보를 어떻게 사용해야 할지도 알려 주니 많은 이용 바랍니다.

최근 어인스의 활동이 많이 알려지면서 인권을 지키려는 인식도 함께 높아지고 있습니다. 모두 어린이 인권을 지키기 위해 스스로 나서 준 어린이 친구들 덕분입니다!

<나다운 엄지> 나튜브 채널 구독! 좋아요! 알람 설정까지.

엄지는 '나다운 엄지'라는 나튜브 채널에 매주 '디지털 시대에 필요한 어린이 인권'을 영상으로 만들어 올리며 많은 어린이들에게 알리고 있습니다.

라푼젤은 뛰어난 그림 실력으로 '온라인에서 만나는 사기꾼

을 어떻게 피해야 할지'를 재미있는 웹툰으로 보여 주고 있고요.

장화와 홍련은 사이버 괴롭힘을 당하는 어린이들의 사연을 접수받아 상담 기관과 연결해 주고 있습니다.

어인스에서 활동하고 싶은 어린이들은 누구나 어인스의 문을 두드리세요! (저도 그렇게 했답니다!)

어인스는 앞으로 다음 활동에 주력할 것입니다.
 • 어린이들이 온라인에서 쉽게 노출되는 성인물 혹은 폭력 등의 광고를 제한하는 법과 규칙을 제정해 줄 것을 강력

히 촉구합니다!

• 현실과 온라인에서 어린이를 상대로 벌어지는 혐오나 차별, 협박 등을 막을 수 있도록 강력하게 처벌하는 법을 만들어 달라고 촉구합니다!

어린이 인권 스카우트 어인스는 계속해서 어린이들이 디지털 환경에서 자유롭고 안전하게 활동할 수 있도록 어린이 인권을 지켜 나가겠습니다. 이를 바탕으로 옛날옛적 나라의 어린이들이 책임감과 분별력을 갖춘 디지털 시민으로 거듭나길 바랍니다.

작성자 **꿈꾸는 제비**

피터 팬이 알려 주는 어린이 인권

어린이는 자기 생각을 표현하고 주장할 권리가 있어요. 자기 생활에 영향을 주는 일에 대해 의견을 말할 수 있어야 하며 그 의견을 존중받아야 해요.
어린이는 자신의 의견을 알리기 위해 단체와 모임에 가입할 수 있고, 평화적 집회에 참가할 수 있어요.

◆ 어린이도 의견을 표현해 스스로 권리를 지킬 수 있어! ◆

어린이가 놀 수 있는 공간을 지켜 주세요!

경기도의 한 지역에서 어린이 공원을 주차장으로 바꾸려다가 어린이를 비롯한 사람들의 반대에 부딪혀 계획을 취소했어. 어린이들은 동네에서 놀 수 있는 공간이 사라지면 안 된다고 주장했고, 이를 지지하는 어른들이 큰 목소리를 냈거든. 그런데 이때 어린이들이 어떻게 의견을 냈는지 알아? 공원을 주차장으로 바꾸는 계획에 반대하는 아이들이 모여 영상으로 자신의 의견을 이야기했고, 그 영상을 아동 권리 보장원에 올려 자기들의 의사를 전했단다. 아동 권리 보장원은 아동 권리를 높이며 어린이와 관련된 정책을 검토하는 곳이야.

디지털 환경을 영리하게 활용해 볼까?

인터넷은 누구나 의견을 표현할 수 있다는 게 장점이야. 인터넷을 활용해 어린이들도 자기의 생각을 표현할 수 있어. 블로그를 운영해 글을 올리거나 영상을 만들어 공유하면서 말이야. 혹은 웹툰을 그리거나 자기와 같은 뜻을 지닌 사람들을 모으는 캠페인을 벌일 수도 있지.

아동 권리 보장원에는 자기 생각을 표현하고 어린이 인권에 관한 질문을 하거나 의견을 제안하는 게시판이 있어. 또한 유니세프처럼 공신력 있는 기관에서는 아동 의회를 모집하기도 해. 아동 의회에 지원하면 인권과 관련된 정책을 살피며 의견을 제시할 수 있단다.

어린이도 엄연한 시민으로 더 나은 사회를 위해 행동하고 참여해야 해

더 나은 세상과 사회를 위해서 어린이들도 행동하고 참여해야 해. 어린이가 무엇을 할 수 있느냐고?

말랄라 유사프자이는 11살 때부터 블로그에 일기를 써서 여자아이들이 학교 갈 권리를 주장했어. 여성의 인권을 무시하고 여학교를 불태우며 등교를 막은 파키스탄의 탈레반을 비판했지. 몇 년 후 탈레반에 총격을 당해 목숨을 잃을 뻔했지만 여러 번의 수술로 살아남은 말랄라는 위협에 굴하지 않고 여성이 교육받을 권리를 외쳤어. 그 공로를 인정받아 17살 나이로 노벨상을 받았지.

환경 운동가로 잘 알려진 **그레타 툰베리**는 15살 때 기후 위기와 관련한 법안을 서둘러 마련해야 한다며 학교를 결석하고 의회 앞에서 홀로 시위했어. 그레타의 용감한 시위는 소셜 네트워크 서비스(SNS)를 통해 전 세계에 알려졌고 수백만 명의 사람들에게 관심과 지지를 이끌어 냈어. 이밖에도 부실한 급식에 문제를 제기하거나 동물 보호에 앞장서는 등 다양한 문제에 관심을 갖고 사회에 참여하는 아이들이 많아.

　더 나은 세상과 사회를 만들기 위해 사회 문제에 관심을 갖고 해결 방법을 찾는 것부터 시작해 봐. 지역마다 운영하는 어린이 자치 위원회에 신청해 활동하면서 목소리를 낼 수도 있어. 여럿이 함께 의견을 낼수록 더 많은 사람이 듣고 정치에 반영할 거야.

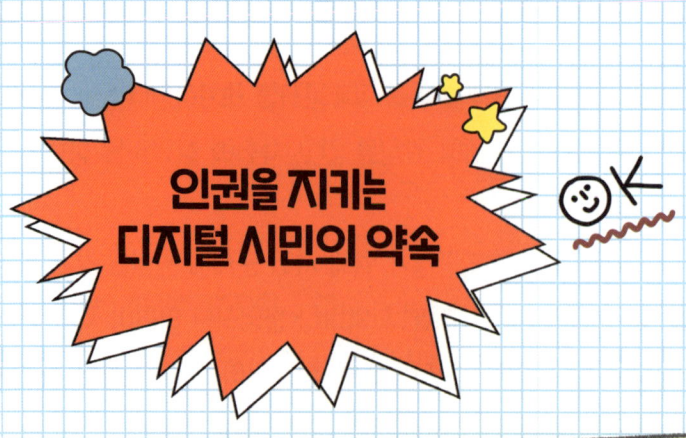

인권을 지키는 디지털 시민의 약속

◆ '디지털 시민'이 되자!

디지털 시민은 디지털 환경에서 높은 윤리 의식과 시민 의식을 갖고 더 나은 디지털 환경을 만들기 위해 노력하는 사람이야. 디지털 시민이 되려면 우선 디지털 환경을 잘 알아야 해. 인터넷에서는 누구나 정보를 만들어 올리거나 쉽게 복제하고 퍼뜨릴 수 있어. 그만큼 온라인에 올린 사진이나 영상은 손쉽게 지울 수 없지. 이를 알면 소셜 네트워크 서비스(SNS)와 같은 곳에 자신의 사진을 올릴 때 신중해질 거야. 또한 온라인에서 다른 사람을 괴롭히는 댓글이나 게시글을 보고 익명성을 이용해 같이 어울리지 않을 거야. 다른 사람의 인권을 해치는 일이니까.

　인권은 인간으로서 마땅히 지켜지고 존중받아야 하는 권리야. 디지털 시민으로서 기본으로 지켜야 하고 알아야 할 것이란다. 만약 인권이 무엇인지 좀 더 알고 싶다면, 오른쪽을 봐!

✦ 어린이 인권이 더 궁금하다면?

다음은 어린이가 인권을 쉽게 배울 수 있는 사이트야.

- ◆ 국제앰네스티 인권아카데미 amnesty.or.kr
- ◆ 유니세프 www.unicef.or.kr
- ◆ 어린이 보건복지부 www.mohw.go.kr/kids

어린이 인권을 영상으로도 배울 수 있어.

- ◆ EBS 뉴스 www.ebs.co.kr 또는 EBS 유튜브에서 '어린이 인권'을 검색해 봐.

✦ 더 나은 세상을 위해 필요한 것이 무엇인지 생각해 보자!

만 18세가 되면 투표권을 행사해 내 의사를 표현할 수 있어. 대통령, 국회의원 등 내가 원하는 정책을 지원하리라고 믿을 수 있는 정치인을 뽑는 거지. 그런데 정치인의 공약과 그 공약을 잘 지킬지 이력을 살피려면 정치에 관심을 가져야 해. 정치에 관심을 끄면 우리를 둘러싼 환경은 더 나아지지 않고 나와 상관없는 방향으로 변할 거야.

만약 지금 바로 대통령과 국회의원을 만날 수 있다면 어떤 의견을 표현할래? 어린이를 위해 어떤 정책과 법을 만들어 달라고 할지 한번 생각해 봐.

꿈꾸는 어린이 교양 02
피노키오에게도 미디어 리터러시가 필요해

초판 1쇄 발행 2024년 7월 1일
초판 2쇄 발행 2025년 5월 15일

지은이 하리라
그린이 홍기한
펴낸이 고대룡
편 집 차정민
디자인 손현주
펴낸곳 꿈꾸는섬

등록번호 제 410-2015-000149호
등록일자 2015년 07월 19일
전화 031-819-7896 | **팩스** 031-624-7896 | **전자우편** ggumsum1@naver.com
ISBN 979-11-92352-27-5 73330

ⓒ 하리라, 홍기한 2024

* 저작권법에 따라 보호받는 저작물이므로 무단 전재와 복제를 금합니다.
* 책값은 뒤표지에 있습니다.
* 파본은 구매하신 서점에서 바꾸어 드립니다.

제품명 피노키오에게도 미디어 리터러시가 필요해 | **제조자명** 꿈꾸는섬 | **제조년월** 2025년 5월
사용연령 8세 이상 | **제조국명** 대한민국
주소 (10375) 경기도 고양시 일산서구 대산로 164 (203동 303호)
KC마크는 이 제품이 공통안전기준에 적합하였음을 뜻합니다.